초판 1쇄 인쇄 2017년 6월 12일
초판 2쇄 발행 2017년 8월 8일

지 은 이 | 문덕, 주지후
펴 낸 이 | 고루다
펴 낸 곳 | Wit&Wisdom 도서출판 위트앤위즈덤
임프린트 | PAGODA Books
출판등록 | 2005년 5월 27일 제 300-2005-90호
주　　소 | 06614 서울특별시 서초구 강남대로 419, 19층(서초동, 파고다타워)
전　　화 | (02) 6940-4070
팩　　스 | (02) 536-0660
홈페이지 | www.pagodabook.com

저작권자 | ⓒ 2017 문덕, 주지후

이 책의 저작권은 저자에게 있습니다. 서면에 의한 저작권자와 출판사의 허락 없이
내용의 일부 혹은 전부를 인용 및 복제하거나 발췌하는 것을 금합니다.

Copyright ⓒ 2017 by Duck Moon, Jihu Ju

All rights reserved. No part of this publication may be reproduced, stored
in a retrieval system, or transmitted, in any form, or by any means, electronic,
mechanical, photocopying, recording or otherwise, without the prior written
permission of the copyright holder and the publisher.

ISBN 978-89-6281-800-0 (13740)

도서출판 위트앤위즈덤　　www.pagodabook.com
파고다 어학원　　　　　　www.pagoda21.com
파고다 인강　　　　　　　www.pagodastar.com
테스트 클리닉　　　　　　www.testclinic.com

PAGODA Books 는 도서출판 Wit&Wisdom 의 성인 어학 전문 임프린트입니다.
낙장 및 파본은 교환해 드립니다.

어쩌다 영어터짐은
영어 학습자 절대 다수가 어려워하는
'전치사'에 초점을 둔
영어 회화 교재입니다.

전치사 27개의 의미와 쓰임을 확실히 이해하면
자연스럽게 영어 문장이 터지는
놀라운 경험을 하게 됩니다!

ㅣ어쩌다 영어터짐 머리말

영어는 단기 학습을 통하여 획기적인 실력 향상을 기대하기는 힘듭니다. 그럼에도 불구하고, 가장 놀라우면서도 빠른 학습 효과를 기대할 수 있는 분야를 하나 꼽으라고 한다면 그것은 '전치사'일 겁니다.

오랫동안의 현장 강의와 연구를 통해서, 영어 실력이 낮은 사람들은 물론이거니와 어느 정도 실력을 갖춘 사람들의 경우에도 전치사에 대한 실제 활용 능력(proficiency)은 대단히 취약하다는 점을 발견했습니다. 이러한 전치사 사용에 대한 '공포감'은 그에 대한 이해력이 부재함에 있습니다.

전치사에 대한 올바른 이해와 훈련은 학습자의 영어 수준을 한 단계 도약시키는 놀라운 효과가 있습니다. 여러분이 설사, 다소, 우연히, '어쩌다' 본서를 접하고, '어쩌다' 전치사를 탐구하게 되었을지 모르지만, 영어가 놀랍게 개선되고 입에서 '터져 나오는' 신기한 경험이 뒤따를 것이라는 행복한 상상으로 열심히 학습하기를 바랍니다.

2017.6. 문덕

전치사는 한국인이 정복하기 가장 어려운 부분 중의 하나입니다. 아무리 외워도 도무지 적용이 힘들어 전치사를 포기하는 사람들도 많습니다.

어떻게 하면 전치사를 쉽고 빠르게, 그리고 확실히 습득할 수 있을까? 전치사 자체에 내재되어 있는 고유의 느낌을 이해하고, 실제 예문을 통해 나의 것으로 만드는 것이 최고입니다.

「어쩌다 영어터짐」은 전치사를 단순 암기가 아닌 이해와 훈련으로 자연스럽게 체득할 수 있게 고안되었습니다. 각 전치사의 중심 의미와 중심 의미에서 파생되는 의미를 이해하기 쉽게 풀어 설명하였습니다. 또한, 흥미로운 소재의 이야기 안에서 전치사를 익힐 수 있게 하였습니다.

제대로 된 전치사를 쓴 영어는 생동감이 넘칩니다. 「어쩌다 영어터짐」을 통해 여러분의 영어가 살아 움직이고 활력이 넘치게 되길 바랍니다.

2017.6. 주지후

어쩌다 영어터집 학습법

「어쩌다 영어터집」을 학습하기에 앞서, 우리 모두가 공유해야 할 중요한 원칙

하나. 전치사는 의미를 가진 하나의 단어이다.
둘. 개별 전치사들은 모두 자신만의 고유한 중심 의미가 있다.
셋. 그 중심 의미에서 모든 파생 의미들이 생겨난다.
넷. 구동사와 관용 표현에서 전치사의 역할은 대단히 중요하다.

모든 전치사에는 '중심 의미'가 있어요. 이 '중심 의미'를 확실히 이해하고 넘어가야만, 중심 의미에서 파생된 의미를 제대로 이해할 수 있는 것이죠. 매 유닛마다 주어진 QR 코드를 찍어서, 달오리 선생님의 강의를 학습해 보세요.

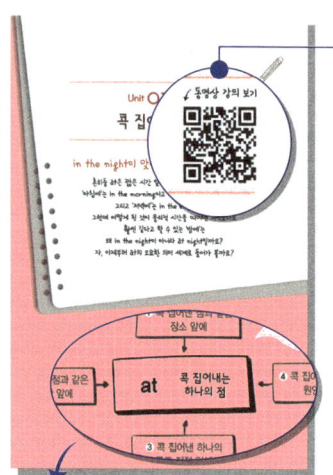

전치사의 중심 의미와 파생 의미 한눈에 보기

각각의 전치사의 중심 의미와 파생 의미를 이해하고, 예문으로 익혀 보세요.

말하기 훈련 코너에서는 학습한 전치사를 활용하여 영어로 말해 보세요.

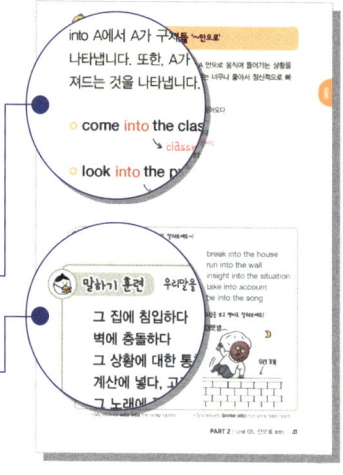

동영상 강의 및 원어민 음원 파일 다운로드 www.pagodabook.com

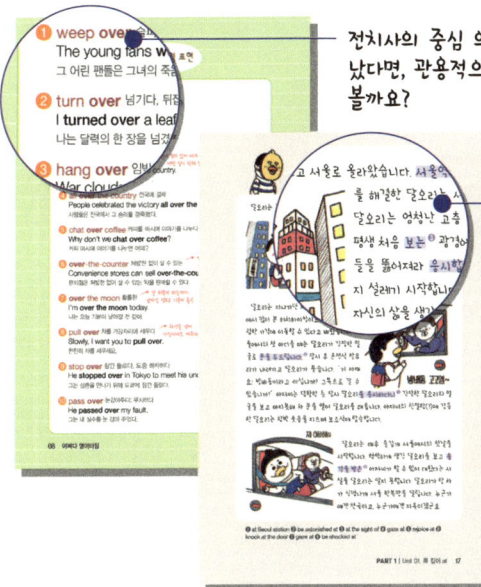

전치사의 중심 의미와 파생 의미 학습이 끝났다면, 관용적으로 쓰이는 전치사도 학습해 볼까요?

재미있는 스토리를 읽으며 앞에서 학습한 내용을 복습해 보세요. 하이라이트 된 부분은 본문에서 배웠던 전치사 표현들이니, 영어로 말해 보세요!

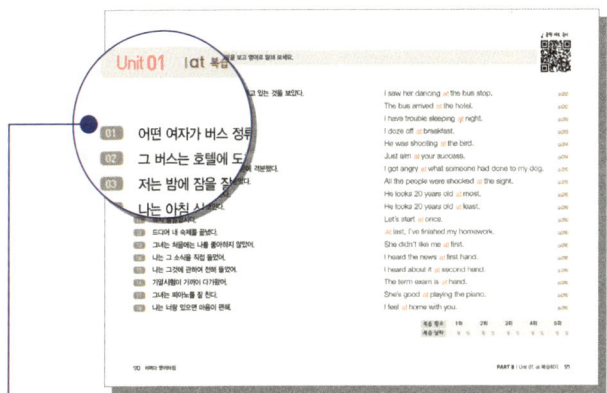

본문의 '문장 말하기 훈련'과 '관용적 표현'의 예문을 정리한 코너입니다. 왼쪽 페이지의 우리말을 보고, 영어로 말해 보세요. 영어 문장이 저절로 입에서 터져나올 때까지 학습 횟수와 날짜를 체크해가며 복습해 보세요. 오른쪽 상단의 QR 코드를 찍어서, 원어민의 발음을 확인해 보는 것도 잊지 마세요!

|어쩌다 영어터짐 목차

PART 1 전치사 4대 천왕

- Unit 01 콕 집어 at — 011
- Unit 02 달라붙어 on — 018
- Unit 03 안에 in — 026
- Unit 04 도착하는 to — 033

PART 2 들락날락 전치사

- Unit 05 안으로 into — 040
- Unit 06 밖으로 out — 045
- Unit 07 떨어져 off — 051
- Unit 08 출발하여 from — 057

PART 3 위로 가자!

- Unit 09 바로 위에 over — 064
- Unit 10 보다 위쪽에 above — 070
- Unit 11 넘어서 beyond — 075
- Unit 12 위로 up — 080

PART 4 아래로 가자!

- Unit 13 바로 아래에 under — 087
- Unit 14 보다 아래쪽에 below — 092
- Unit 15 아래로 down — 097

PART 5 내 곁에 있어줘!

- Unit 16 소유하는 of — 103
- Unit 17 함께하는 with — 109
- Unit 18 주변에 about — 115
- Unit 19 둘레에 around — 121
- Unit 20 옆에 by — 126

PART 6 특별한 움직임

- Unit 21 따라서 along — 132
- Unit 22 가로질러 across — 137
- Unit 23 통과하여 through — 141

PART 7 반의어 커플 전치사

- Unit 24 지향하는 for — 147
- Unit 25 반대하여 against — 153
- Unit 26 전에 before — 158
- Unit 27 뒤따라서 after — 163

PART 8 복습만이 살길! — 168

at, on, in, to

PART 1
전치사 4대 천왕

Unit 01. 콕 집어 at
Unit 02. 달라붙어 on
Unit 03. 안에 in
Unit 04. 도착하는 to

Unit 01
콕 집어 at

◀ 동영상 강의 보기

in the night이 맞을까, at night이 맞을까?

흔히들 at은 짧은 시간 앞에 쓰는 전치사로 알고 있지요?
'아침에'는 in the morning이고 '오후에'는 in the afternoon,
그리고 '저녁에'는 in the evening이죠.
그런데 어떻게 된 것이 물리적 시간을 따지면
저녁보다도 훨씬 길다고 할 수 있는 '밤에'는
왜 in the night이 아니라 at night일까요?
자, 이제부터 at의 오묘한 의미 세계로 들어가 볼까요?

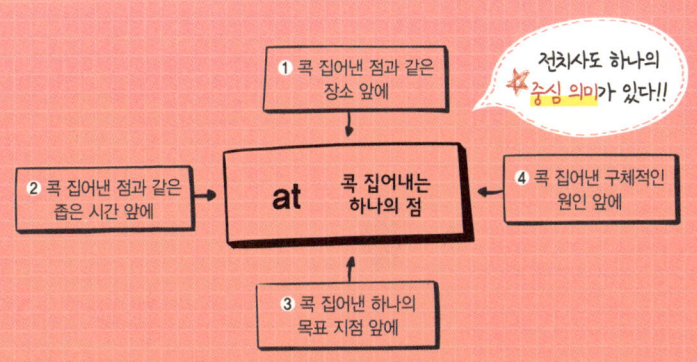

at ① 장소 '~에'

at A에서 A가 장소를 나타낼 때는 콕 집어낸 실제 점과 같은 좁은 장소이거나 점으로 여겨지는 경우입니다. A의 실질적인 크기와 상관없이 지도상에서 하나의 '점'으로 간주하는 경우에 at이 사용되지요.

- arrive at Seoul station 서울역에 도착하다
  ↳ Seoul station을 하나의 점으로 간주
- at bus stop 버스 정류장에서
  ↳ bus stop은 지도상의 하나의 점으로 여겨짐
- stop at Seoul 서울에 잠시 머무르다
  ↳ 서울에 잠시 머무른다는 일시성에 의해,
  서울이 점으로 여겨져서 in이 아니라 at을 사용함

여기서 잠깐! 그럼 '나는 서울에 산다.'는 어떻게 말할까요?
정답은, **I live in Seoul!**

말하기 훈련 우리말을 보고 영어로 말해 보세요!

호텔에서	at the hotel
파티에서	at the party
공항에서	at the airport
장례식장에서	at the funeral
길모퉁이에서	at the corner of the road

문장 말하기 훈련 위에서 학습한 표현을 이용하여 그림을 보고 영어로 말해 보세요!

- He sees her dancing **at the bus stop**.
- The bus arrives **at the hotel**.

at 2 시간 '~에'

at A에서 A는 점으로 여겨지는 짧은 시간을 함축하지요. 시간의 의미를 나타내는 at도 장소를 나타내는 경우와 마찬가지입니다. 즉, 점과 같은 짧은 순간을 나타내거나 실제 시간의 길이와 상관없이 기간 전체를 하나의 '시점'으로 나타낼 때 사용된답니다. 바로 at night처럼 night이 실제로는 긴 시간을 담고 있지만, 밤은 '눈 깜짝할 사이'라는 인식이 반영되어 있는 거죠.

○ **get up at 5 o'clock** 5시에 일어나다
   ↘ 5시는 점

○ **be at war with** ~와 전쟁 중이다
   ↘ war이 평화에 비해서 일시성을 함축

○ **at night** 밤에
   ↘ night의 물리적 시간은 길지만 눈 깜빡할 사이임

여기서 잠깐! 밤이 찰나가 아닌 긴 시간으로 간주될 때는 어떻게 말할까요?
정답은, **The fire broke out in the night.** 그 화재는 밤중에 일어났다.

 말하기 훈련 우리말을 보고 영어로 말해 보세요!

아침 식사 중인(에)	at breakfast
수업 중에	at school
식사 중에	at table
예배 중에	at church
항해 중에	at sea

문장 말하기 훈련 위에서 학습한 표현을 이용하여 그림을 보고 영어로 말해 보세요!

• He has trouble sleeping **at night**.
• He dozes off **at breakfast**.

 **at**   **3 목표물 '~를, ~에'**

at A에서 A는 양궁 선수가 노리는 정중앙의 점과도 같습니다. 활이나 총은 기본적으로 과녁의 정중앙의 '점'을 목표로 하지요. 바로 이러한 이미지가 at이 '목표'를 나타낼 때 사용되는 거죠.

- **shoot at the soldier** 그 병사를 겨냥하다
  ↳ 총을 실제로 겨누는 하나의 지점이 존재
- **aim at success** 성공을 목표로 하다
  ↳ success는 과녁 속의 목표물과도 같음
- **look at her** 그녀를 쳐다보다
  ↳ 눈을 마치 총처럼 돌려 겨냥하여 바라봄

말하기 훈련   우리말을 보고 영어로 말해 보세요!

공격하다, 덤비다	jump at
~를 응시하다	gaze at
문을 두드리다	knock at the door
~를 보고 짖다	bark at
야유를 보내다	hiss at

문장 말하기 훈련   위에서 학습한 표현을 이용하여 그림을 보고 영어로 말해 보세요!

- He is **shooting at** the bird.
- Just **aim at** your success.

at **4 감정의 원인** '~에'

at A에서 A가 원인을 나타내어 '~라는 점에서 / 점 때문에'로 해석되는 경우가 있습니다. at이 '원인'의 의미로 쓰일 때 일반적이고 막연한 상황보다는 구체적인 원인과 결합하는 이유는 구체적인 원인이 좀 더 의미의 범위가 좁다는 면에서 '점'의 이미지에 가깝기 때문이죠. '딱 그것 때문에'라고 해석하시면 되요.

- **be surprised at the news** 그 소식에 놀라다
  ↳ news가 놀라움을 일으키는 구체적인 원인

- **marvel at the sight** 그 광경에 놀라다
  ↳ sight이 놀라움의 직접적인 원인

- **get angry at his words** 그의 말에 화를 내다
  ↳ his words는 화를 일으키는 직접적인 원인

여기서 잠깐! 그럼 '그에게 화를 내다.'는 어떻게 말할까요?
정답은, **I get angry with him.** 화를 일으키는 구체적이고 직접적인 원인이 나타나지 않아서 at을 쓰지 않고, with '~과 관련하여'를 사용해요.

말하기 훈련 우리말을 보고 영어로 말해 보세요!

~에 놀라다	be astonished at
~에 충격을 받다	be shocked at
~에 기뻐하다	rejoice at
~에 실망하다	be disappointed at
~를 보고	at the sight of

문장 말하기 훈련 위에서 학습한 표현을 이용하여 그림을 보고 영어로 말해 보세요!

- He **got angry at** what someone had done to his dog. • All the people **are shocked at** the sight.

at의 관용적 표현

1 **at** most (= not more than = at best) 기껏해야
He looks 20 years old **at most.**
그는 기껏해야 20살로 보인다.

2 **at** least (= not less than) 적어도
He looks 20 years old **at least.**
그는 적어도 20살로 보인다.

3 **at** once (= immediately) 당장, 즉시
Let's start **at once.**
즉시 출발합시다.

4 **at** last (= finally) 드디어
At last, I've finished my homework.
드디어 내 숙제를 끝냈다.

5 **at** first (= at the beginning) 처음에는
She didn't like me **at first.**
그녀는 처음에는 나를 좋아하지 않았어.

6 **at** first hand(= directly) 직접 → 다른 사람의 손을 안 거치니 첫 번째 손
I heard the news **at first hand.**
나는 그 소식을 직접 들었어.

7 **at** second hand (= indirectly) 간접적으로 → 다른 사람의 손을 거치니 두 번째 손
I heard about it **at second hand.**
나는 그것에 관하여 전해 들었어.

8 **at** hand (= near) 가까이에
The term exam is **at hand.**
기말시험이 가까이 다가왔어.

9 be good **at** (= be expert at) ~에 능숙하다 *cf.* be poor at ~에 형편없다 / 서투르다
She**'s good at** playing the piano.
그녀는 피아노를 잘 친다.

10 feel **at** home 편안함을 느끼다 → 마치 집에 있는 느낌이라서 편안하다
I **feel at home** with you.
나는 너랑 있으면 마음이 편해.

스토리로 at 확실히 정복하기

달오리는 부푼 꿈을 안고 서울로 올라왔습니다. 서울역에❶ 내린 후, 간단히 식사를 해결한 달오리는 서울역 밖으로 나갑니다. 달오리는 엄청난 고층 빌딩들에 놀랍니다.❷ 생전 처음 보는❸ 광경에 정신을 놓은 채 건물들을 뚫어지라 응시합니다.❹ 달오리는 어쩐지 설레기 시작합니다. 이 대도시에서 펼쳐질 자신의 삶을 생각하는 것에 기뻐합니다.❺

달오리는 지나가던 차를 하나 잡습니다. TV에서 많이 본 히치하이크죠. 이렇게 하면 저렴한 가격에 이동할 수 있다고 배웠습니다. 서울에서의 첫 마디를 떼는 달오리가 긴장한 얼굴로 문을 두드립니다.❻ 잠시 후, 운전석 창유리가 내려가자 달오리가 묻습니다. "저 아재요! 방배동이라고 아십니까? 그쪽으로 갈 수 있습니까?" 아저씨는 당황한 듯 잠시 달오리를 응시하더니❼ 긴장한 달오리의 얼굴을 보고 마지못해 차 문을 열어 달오리를 태웁니다. 아저씨의 친절함(?)에 감동한 달오리는 함박웃음을 지으며 보조석에 탑승합니다.

달오리는 매우 즐겁게 서울에서의 첫날을 시작합니다. 험악하게 생긴 달오리를 보고 충격을 받은❽ 아저씨가 할 수 없이 태웠다는 사실을 달오리는 알지 못합니다. 달오리가 탄 차가 신명나게 서울 한복판을 달립니다. 누군가에겐 천국이고, 누군가에겐 지옥이겠군요.

❶ at Seoul station ❷ be astonished at ❸ at the sight of ❹ gaze at ❺ rejoice at
❻ knock at the door ❼ gaze at ❽ be shocked at

Unit 02
달라붙어 on

✓ 동영상 강의 보기

on은 '위에'란 의미가 아니다?!

on the desk는 물론 '책상 위에'라고 해석할 수 있지요.
그런데도 on은 '위'가 아니랍니다. 오잉?!
이건 영어를 거의 처음 배울 때부터 알았던 엄연한 사실인 것 같은데…
어찌하여 on은 '위'가 아니라고 하는 건가요?
자, 지금부터 강력한 on의 세계로 들어가 볼까요?

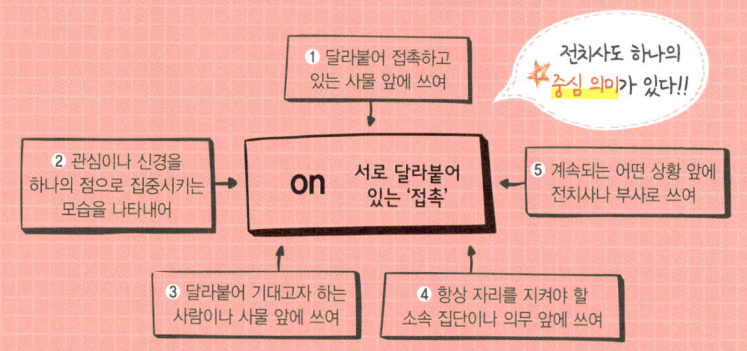

on 1 접촉 '~에'

on A에서 on을 흔히 '위에'라고 오해하기 쉬운데 사실은 '접촉'의 의미를 나타낸다고 할 수 있어요. 어떤 사물의 위이건 옆이건 상관없이 '붙어 있는' 상황을 나타내는 것이 on의 기능이랍니다. 서로 달라붙어 있을 때 on이요.

- **on** the desk 책상 위에
  ↳ desk의 윗면과 붙어있는 상황
- **on** the wall 벽에
  ↳ wall과 떨어지지 않고 붙어있는 상황
- **on** board 탑승하여
  ↳ 비행기나 기차의 board에 붙어있는 상황
- turn **on** the radio 라디오를 켜다
  ↳ 스위치를 돌려 전선이 붙어서 '접촉'되는 상황

말하기 훈련 우리말을 보고 영어로 말해 보세요!

통화 중이다(전화에 붙어 있다)	be on the phone
초조해하는	on edge
현장에서	on the spot
불현듯 생각나다	hit on / upon
시험 삼아 입어보다	try on

문장 말하기 훈련 위에서 학습한 표현을 이용하여 그림을 보고 영어로 말해 보세요!

• A new book is **on the desk**.   • A big fly is **on the wall**.

on 2 초점, 집중 '~에'

의견이나 마음이 서로 떨어져 있던 상태에서 하나의 점으로 모이게 되어서 달라붙어 '접촉'하게 된다면, 그것이 바로 하나의 점으로 집중되는 '초점'이 되는 것이죠. 이런 이유로 at이 아니라 on이 '초점'의 의미를 갖는 것이랍니다.

- **concentrate on the lecture** 강의에 집중하다
  ↘ 신경이 온통 lecture로 집중되는 모습
- **be intent / bent on reading** 독서에 열중하다
  ↘ 마음이 reading으로 온통 집중되는 모습
- **agree on the decision** 결정에 동의하다
  ↘ 여러 의견이 하나의 decision으로 집중되는 모습

여기서 잠깐! '그의 제안에 동의한다.'는 어떻게 말할까요?
정답은, **I agree to his proposal.**
마음이 그의 proposal 쪽으로 움직이는 것이니 to를 사용해요.

말하기 훈련 우리말을 보고 영어로 말해 보세요!

~에 논평을 하다	comment on
곰곰이 생각하다	dwell / ponder on
반성하다	reflect on
감시하다	keep an eye on
~에 열중하다	be keen on

문장 말하기 훈련 위에서 학습한 표현을 이용하여 그림을 보고 영어로 말해 보세요!

• Critics **comment** favorably **on** the movie.   • He **keeps an eye on** the couple in the front row.

on 　3 의존 '~에'

누군가가 A에게 의존하게 된다는 것은 우리말로 '기대다'의 이미지를 함축하기 때문에 자연스럽게 서로의 신체가 '접촉'하는 상황이 이어지는 것이죠. 그래서 on에서 '의존'의 의미가 파생된 것이죠.

- **depend on** one's parents 부모에 의존하다
  ↳ parents에 달라붙어 매달리는 모습

- **feed on** grass 풀을 먹고 살아가다
  ↳ 목숨을 유지하기 위해 grass에 달라붙어 의존하는 모습

- **be based on** one's experience 경험에 기초하고 있다
  ↳ 이론이나 주장 등이 그 근거를 갖기 위해 경험에 기대는 모습

말하기 훈련   우리말을 보고 영어로 말해 보세요!

~에 의존하다	count / rely / rest / bank on
~에 의존하다 / 기대다	fall back on
나 혼자 힘으로	on my own
걸어서	on foot
자기 믿음대로 행동하다	act on one's belief

문장 말하기 훈련   위에서 학습한 표현을 이용하여 그림을 보고 영어로 말해 보세요!

- You can **count on** me for the charge.
- They go to school **on foot**.

on   4 의무 '~중인'

on A에서 on이 '의무'를 나타내는 경우가 있어요. 우리가 어떤 의무나 업무를 수행한다는 것은 다른 곳에 가지 않고, 자신의 자리에 '붙어서' 의무를 다 한다는 의미가 되겠지요. 그리하여 on이 '의무'의 의미를 띠게 된 것이랍니다. 이 달오리도 영어 선생님으로서 책상에 딱 달라붙어서 원고를 쓰고 있잖아요.

- **on duty** 당번인 ↔ **off duty** 비번인
  ↳ 의무로 자기 자리에 붙어 있는

- **on the alert** 경계 중인
  ↳ 경계 상태를 유지하여 지키고 있는

- **sit on the jury** 배심원의 일원이다
  ↳ jury라는 자리에 붙어 앉아 있는

 말하기 훈련   우리말을 보고 영어로 말해 보세요!

심부름 중인	on an errand
위원회의 일원인	on the committee
경계 태세를 취하는	be on one's guard
어떤 역할을 떠맡다	take on a role
서명하고 고용되다	sign on

문장 말하기 훈련   위에서 학습한 표현을 이용하여 그림을 보고 영어로 말해 보세요!

- He is **on duty** this evening.
- My colleague goes **on an errand**.

on 5 계속, 진행 '~중인'

on A는 A에 붙어 있는 상황을 나타내므로, A의 상황이 계속 유지됨을 함축합니다. 그러므로 on이 '계속'의 의미를 갖게 되며, 반대로 off는 '중단'의 의미를 띠게 되는 것이랍니다.

- **hold on** 지속하다, 끊지 않고 기다리다
  ↘ 계속해서 hold하여 유지하는 모습
- **on the decrease** 감소 중인
  ↘ 계속 감소하는 상태를 유지하는 모습
- **on strike** 파업 중인
  ↘ 계속 파업 중인 상태를 유지하는 모습

말하기 훈련 우리말을 보고 영어로 말해 보세요!

계속하다	go / keep / carry on
다이어트 중인	on a diet
할인 판매 중인	on sale
계속하여	on and on
방송 중인	on the air

문장 말하기 훈련 위에서 학습한 표현을 이용하여 그림을 보고 영어로 말해 보세요!

• Can you **hold on** for a minute?

• Are you **on a diet** again?

on의 관용적 표현

① on purpose 고의로
He hit me **on purpose**.
그는 고의로 나를 쳤다.

② on the contrary 그렇기는커녕, 반대로
On the contrary, exercise may do you harm.
반대로, 운동이 당신께 해가 될 수도 있다.

③ on second thought 다시 생각하니 → 한 번 더 두 번째로 생각해 보니
On second thought, I would like to join the party, too.
다시 생각해보니, 나도 역시 그 파티에 참석하고 싶어.

④ on account of ~때문에 → account는 '이유'라는 뜻
I couldn't go there **on account of** illness.
나는 아파서 거기에 갈 수가 없었어.

⑤ on the point of ~ing 막 ~하려고 하는 → ~하려는 점 위에 있다는 의미
The train is **on the point of** sett**ing** off.
그 기차는 막 출발하려 한다.

⑥ on behalf of ~를 대표해서 / 대신해서
I really appreciate your help **on behalf of** my family.
제 가족을 대표해서 당신의 도움에 정말 감사드립니다.

⑦ on the other hand 반면에
On the other hand, others think that he is handsome.
반면에, 다른 사람들은 그가 잘 생겼다고 생각한다.

⑧ look down on 경시하다, 얕보다
Don't **look down on** others because of appearance.
외모 때문에 남들을 멸시하지 마세요.

⑨ have a crush on ~에게 반하다 → 누군가와 가까이 붙어 있을 때 완전히 무너진다는(crush) 의미
I **have a crush on** the Korean singer.
나는 그 한국 가수에게 홀딱 반했다.

⑩ have an effect on ~에 영향을 미치다
Stress **had a** bad **effect on** her health.
스트레스가 그녀의 건강에 나쁜 영향을 미쳤다.

스토리로 on 확실히 정복하기

달오리는 요즘 <u>초조해하는</u>❶ 상태입니다. 평소 입고 싶었던 옷이 있어서 사러 가려 하는데 아무래도 너무 살이 찐 것 같습니다. 자칫 <u>현장에서</u>❷ 옷을 <u>시험 삼아 입어보다</u>❸가 찢어진다거나 하는 뭐… 그런 끔찍한 상황이 불현듯 <u>생각났죠.</u>❹ 마음 같아서는 풀을 먹고 <u>살아서라도</u>❺ 신체 혁명을 일으키고 싶으나, 쉽사리 어찌해야 할지 결정을 내리지 못합니다.

찢어지면 어떡하지

그도 그럴 것이… 사실, 달오리는 누군가가 <u>감시하지</u>❻ 않으면 <u>다이어트 중인</u>❼ 상태로 있기가 힘든 존재입니다. 밤이 되면 참지 못하고 <u>할인 판매 중인</u>❽ 아이스크림을 잔뜩 사와서 <u>계속하여</u>❾ 먹는 자신을 발견하곤 합니다. 그렇게 움직이기 싫어하면서도 편의점까지 <u>걸어가서</u>❿ 아이스크림을 사는 자신이 경이롭기까지 합니다.

식욕이 날 이끈다

음~ 어떤 다이어트를 해볼까

그래! 오늘부터야! 달오리는 그 동안의 자신의 처참한 습관을 <u>반성하면서</u>⑪ 다이어트 방법을 적어 놓은 책을 집어 들고 <u>독서에 열중하고</u>⑫ 있습니다. 와! 세상에는 이렇게 많은 다이어트 방법이 있구나! 달오리는 어떤 것을 시도해볼까 <u>곰곰이 생각하는</u>⑬ 중입니다. 독서할 때는 당이 필요하죠. 달오리의 입으로 아이스크림이 들어가는군요. 행운을 빕니다.

---

❶ on edge ❷ on the spot ❸ try on ❹ hit on / upon ❺ feed on grass ❻ keep an eye on ❼ on a diet ❽ on sale ❾ on and on ❿ on foot ⑪ reflect on ⑫ be intent / bent on reading ⑬ dwell / ponder on

Unit 03
안에 in

✓ 동영상 강의 보기

곤란할 때는 on trouble? in trouble?

살다 보면 곤란한 상황에 처할 때가 종종 있죠.
이럴 때 누군가 도움의 손길을 내밀면 정말 고맙죠.
그런데 이런 상황을 나타내기 위해 trouble 앞에
전치사 on이 좋으려나 in이 좋으려나 고민하고 있으면
상대방이 혹시 이렇게 말하지 않을까요?
"정말 곤란에 처한 것은 당신의 영어 같은데? 특히 전치사?!"
I'm in trouble. 이라고 말해야 바로 도와줄 텐데 말이죠.
자, 그럼 in의 의미 세계 안으로 들어가 봅시다.

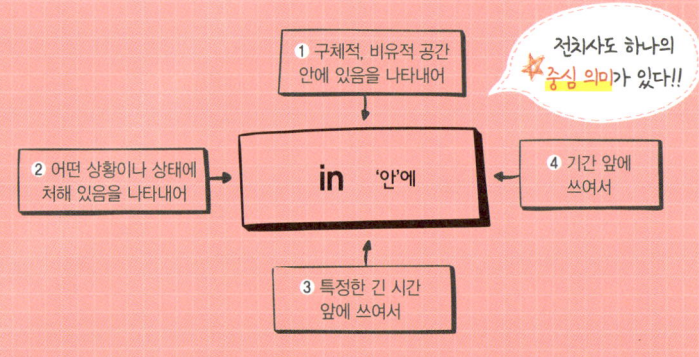

전치사도 하나의 ★중심 의미가 있다!!

in '안'에

1. 구체적, 비유적 공간 안에 있음을 나타내어
2. 어떤 상황이나 상태에 처해 있음을 나타내어
3. 특정한 긴 시간 앞에 쓰여서
4. 기간 앞에 쓰여서

in 1 공간 '~안에, ~내에'

in A는 A라는 공간적 장소 내에 구체적으로 존재하는 상황을 나타냅니다. in은 at에 비해서는 더 넓은 장소에 자주 쓰인답니다.

- **live in Seoul** 서울에 살다
  ↳ Seoul이란 도시 안에 살고 있는 상황
- **count in** ~를 포함시키다
  ↳ count하여 안에 포함시키는 상황
- **keep in mind** 기억하다, 명심하다
  ↳ mind 안에 어떤 것을 간직하는 상황

말하기 훈련 — 우리말을 보고 영어로 말해 보세요!

방해되다	get in the way
~에 종사하다	be engaged in
~에 열중하다	be absorbed / engrossed in
~에 연루되다	be involved in
~에 참가하다	participate in

문장 말하기 훈련 — 위에서 학습한 표현을 이용하여 그림을 보고 영어로 말해 보세요!

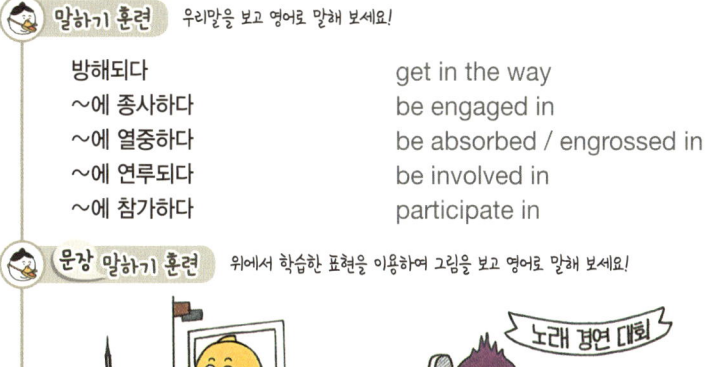

- Moon Duck has **lived in Seoul** for ten years.   • He won't **participate in** the singing competition.

in

2 상태 '~한 상태인, ~에 처한'

in A에서 A가 추상 명사이거나 비유적인 의미를 나타내는 경우는 어떠한 상태 안에 놓여 있는 상황을 나타냅니다. '안'이라는 구체적인 의미에서 추상적인 의미로 발전된 경우이지요.

- **be in distress** 곤란한 처지다, 조난당하다
  ↘ distress에 빠져 있는 상황
- **keep in shape** 건강을 유지하다
  ↘ 몸이 좋은 shape의 모습인 상황
- **in the red / black** 적자 / 흑자인
  ↘ 손익을 나타내는 막대 그래프가 red나 black인 상황
- **write in ink** 잉크로 쓰다
  ↘ 글씨의 상태가 ink인 상황

말하기 훈련 우리말을 보고 영어로 말해 보세요!

혼수상태인	in a coma
빚을 지고 있다	be in debt
위험에 빠져 있다	be in danger
그럴 기분이 아니다	be not in the mood
영어로 소통하다	communicate in English

문장 말하기 훈련 위에서 학습한 표현을 이용하여 그림을 보고 영어로 말해 보세요!

- He is **in a coma** for three months.
- He works out regularly to **keep in shape**.

in 3 시간 '~에'

in A에서 A가 시간을 나타내는 달(month), 년도(year) 등일 경우에는 '~에, ~ 때에'라고 해석됩니다.

- **in April** 4월에
  ↳ April이라는 시간에
- **in 2017** 2017년에
  ↳ 2017년이라는 시간에
- **in the morning** 아침에
  ↳ morning이라는 시간에

> **여기서 잠깐!** at은 보통 '시간', on은 '요일, 날짜'과 결합하는 데 반해, in은 '달, 년도'처럼 더 긴 시간에 사용해요.

말하기 훈련
우리말을 보고 영어로 말해 보세요!

오후에	in the afternoon
겨울에	in winter
1990년대에	in the 1990s
사십 대에	in one's forties
과거에	in the past

문장 말하기 훈련
위에서 학습한 표현을 이용하여 그림을 보고 영어로 말해 보세요!

• My parents got married **in** 1988.   • I was born **in** December.

in 4 시간 '(지금부터) ~이 지나면'

in A에서 A가 기간을 나타내는 명사일 경우에는 '지금부터 A 정도의 시간이 있으면'의 의미를 전달합니다. within은 '~내에, ~안에'란 의미로 어떤 시간이 되기 전을 나타내는 데 반해, in은 '지금부터 ~정도 있으면'을 뜻합니다. 즉, 반드시 그 시간 '내에'라는 의미보다는 그 시간을 지나지만 않으면 된다는 뉘앙스가 함축되어 있다.

- **in time** 곧(soon)
  ↳ 지금부터 time이 좀 지나면

- **in the long run** 결국(in the end)
  ↳ long run의 기간이 지나고 결국

- **in a few minutes** 몇 분 후에
  ↳ 지금부터 few minutes이 지나면

말하기 훈련 우리말을 보고 영어로 말해 보세요!

즉시	in no time (= very soon)
아슬아슬하게	in the nick of time
제때에	just in time
가끔씩	once in a while
일주일 지나면	in a week

문장 말하기 훈련 위에서 학습한 표현을 이용하여 그림을 보고 영어로 말해 보세요!

- They quarrel bitterly **once in a while**.
- They make up **in the long run**.

in의 관용적 표현

❶ in advance 미리
You have to pay your rent **in advance**.
집세를 미리 선지급으로 내셔야 합니다.

❷ in haste 서둘러서
The letter was written **in haste**.
그 편지는 서둘러서 쓰인 것이다.

❸ in detail 상세히
He introduced himself **in detail**.
그는 자신을 상세히 소개했다.

❹ in general 대체로
In general, dogs run faster than men.
일반적으로, 개들은 사람보다 빠르다.

❺ in private 개인적으로, 몰래 → in public은 반대 의미인 '공적으로'
I want to talk to you **in private**.
개인적으로 당신께 드릴 말씀이 있어요.

❻ in person 직접, 친히
I saw the singer **in person**.
나는 그 가수를 직접 보았다.

❼ in vain 헛되이
He tried **in vain**.
그의 시도는 허사였다.

❽ in search of ~을 찾아
He went to California **in search of** gold.
그는 금을 찾아 캘리포니아로 갔다.

❾ give in 항복하다, 제출하다
Don't **give in** to temptation.
유혹에 굴복하지 마라.

❿ in favor of ~에 찬성하여, ~을 위하여 → ~에 대한 호의(favor)를 지닌 상태인
I'm **in favor of** the policy.
나는 그 정책에 찬성한다.

스토리로 in 확실히 정복하기

달오리는 자신의 삶을 <u>방해하는</u>❶ 습관들을 떠올려봅니다. 아! 그 중 가장 치명적인 과소비를 <u>포함시켜야</u>❷ 겠군요! 달오리는 사실 <u>빚을 지고 있는</u>❸ 상태입니다. 워낙 먹을 거리에 돈을 많이 써대니 늘 <u>적자인</u>❹ 상태일 수밖에요. 다른 하나는 게으름입니다. 올해는 꼭 영어 공부도 하고, 운동을 해서 몸을 만들어야 하는데…

달오리는 공책에 <u>잉크로 끄적끄적</u>❺ 영어로 <u>소통하는 것이</u>❻ 나의 목표… 그리고 <u>건강을 유지하는 것을</u>❼ 또 다른 목표로 적어봅니다. 마침 올여름에 몸짱을 뽑는 대회가 열리는군요! 목표는 높을수록 좋죠! 그 대회에 <u>출전할</u>❽ 것을 결심합니다. 오늘 바로 피트니스 센터에 등록해야 함을 <u>기억하며</u>❾ 하며 식사 준비를 합니다. 피트니스 센터 정보를 알아보며 입에 밥을 욱여넣던 중… 달오리는 자신이 어제 먹다 남은 치킨과 피자를 먹고 있음을 자각합니다. 갑자기 슬퍼집니다.

그래, 바로 운동을 시작<u>할 기분이 아니다.</u>❿ 달오리는 <u>아침에</u>⓫ 먹다 남은 케이크를 꺼내 폭풍 먹방을 선보이기 시작합니다. 마음만 먹으면 몸이야 <u>곧</u>⓬ 만들 수 있습니다. 이것만 먹고 올해의 계획을 <u>즉시</u>⓭ 실천할 것입니다. 생각에 <u>열중한</u>⓮ 달오리는 또 다른 음식을 꺼내고 있는 자신을 자각하지 못합니다. 그렇게 달오리는 1만 칼로리를 섭취한 후 잠이 듭니다.

❶ get in the way ❷ count in ❸ be in debt ❹ in the red ❺ write in ink ❻ communicate in English ❼ keep in shape ❽ participate in ❾ keep in mind ❿ be not in the mood ⓫ in the morning ⓬ in time ⓭ in no time ⓮ be absorbed / engrossed in

Unit 04
도착하는 to

'죽도록 사랑하다'는 왜 love to death일까?

가슴 떨리고 아름다운 사랑을 논하는데
살벌한 death는 왜 나오는 것이고,
또 왜 to death라고 하냐고요?
to가 바로 '정도, 결과'의 의미를 전달한다는 것을 알면
쉽게 이해될 것입니다.
자, to의 의미 변화를 들여다볼까요?

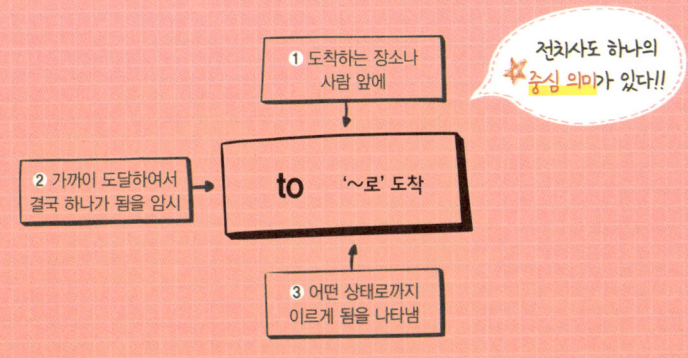

전치사도 하나의 **중심 의미**가 있다!!

1. 도착하는 장소나 사람 앞에
2. 가까이 도달하여서 결국 하나가 됨을 암시
3. 어떤 상태로까지 이르게 됨을 나타냄

to — '~로' 도착

to 1 도착점 '~로, ~까지'

to A에서 A는 구체적인 '장소'이거나 어떤 사물이 움직여 함께 있게 되는 '사람'이 될 수도 있답니다. give와 같은 수여 동사는 3형식으로 전환할 시 간접 목적어 앞에 to를 쓰는 경우도 많은데, 어떤 것을 그 사람에게 건네주어 도착하도록 만든다는 의미에서 to를 쓰는 것이죠. 또한, 어떤 변화가 궁극적으로 도달하게 되는 '상태'가 될 수도 있습니다.

- **go to school** 학교에 가다
  ↳ school은 도달하는 지점
- **give a book to her** 그녀에게 책을 주다
  ↳ her는 책이 움직여 도달하는 지점
- **Leave it to me.** 나에게 맡겨라.
  ↳ 그 일은 결국 처리를 하는 사람인 me에게로 와있음
- **go from bad to worse** 악화되다
  ↳ worse는 상황이 진행되어 도달하는 궁극적 상태

말하기 훈련 우리말을 보고 영어로 말해 보세요!

자러 가다	go to bed
비행기 타고 파리에 가다	fly to Paris
다른 학교로 전학가다	transfer to another school
나에게로 다가오다	come up to me
지금까지	up to now

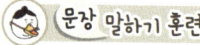 위에서 학습한 표현을 이용하여 그림을 보고 영어로 말해 보세요!

- He **goes to school** early in the morning.
- He **gives a book to her** for nothing.

to 2 일치 '~에, ~과'

to A에서 A가 '생각, 의견'이나 '계획'을 나타내는 경우에는 일치를 의미합니다. 생각이 서로 다른 경우에서 출발하여 결국 A에게로 도달했다는 것은 의견이 '일치'하게 되는 상황을 함축하는 것이죠.

- **agree to** the proposal 제안에 동의하다
  ↘ 어떤 사람의 생각이 움직여서 결국 the proposal에 도달하여 일치하게 됨
- **dance to** a song 노래에 맞추어 춤을 추다
  ↘ 춤이 song과 일치하게 됨
- **to** the point 적절한
  ↘ 말이나 행동이 the point '요점'과 일치하게 됨

말하기 훈련 — 우리말을 보고 영어로 말해 보세요!

~에 적응하다	adapt to
~에 따르다 / 순응하다	conform to
~와 같다, ~을 감당할 수 있다	be equal to
~와 비슷하다	be similar to
~에 충실하다	be true to

문장 말하기 훈련 — 위에서 학습한 표현을 이용하여 그림을 보고 영어로 말해 보세요!

- He has always **been true to** her.
- They **dance to** the song in the bus.

to 3 정도, 결과 '~까지, ~로'

to A는 기본적으로 'A까지'라는 의미인데, A가 추상적인 의미의 명사일 때는 그런 상황에 '다다를 때까지'라는 의미이므로 '정도'의 의미를 전달할 수 있습니다. 또한, 실제 그런 상황에 도달한 경우라면 '결과'의 의미도 표현할 수 있겠죠. 이렇게 '정도'와 '결과'는 같은 범주의 의미 틀 속에 존재한답니다.

- **be wet to the skin** 흠뻑 젖다
  ↳ 입은 옷을 지나 skin까지 젖은 상황임

- **to a degree** 어느 정도
  ↳ 어느 degree까지는

- **be frozen to death** 얼어 죽다
  ↳ 얼어서 death가 결과가 됨

말하기 훈련 우리말을 보고 영어로 말해 보세요!

몰살당하다	be killed to a man
철저히	to the core / ground / bone / quick
놀라 죽을뻔한	frightened to death
끝내다	bring to an end
수포로 돌아가다	come to nothing

문장 말하기 훈련 위에서 학습한 표현을 이용하여 그림을 보고 영어로 말해 보세요!

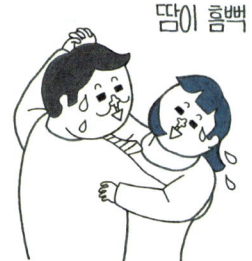

- All the passengers are surprised **to death**.
- When they stopped dancing, they **were wet to the skin**.

to의 관용적 표현

❶ be engaged to ~와 약혼한 사이다
John **is engaged to** Mary.
존은 메리와 약혼한 사이다.

❷ get down to 시작하다
Let's **get down to** business.
자, 본론으로 들어갑시다.

❸ look up to 존경하다
I **look up to** the General.
나는 그 장군을 존경한다.

❹ according to ~에 따라
According to a news report, a big fire broke out.
뉴스 보도에 따르면, 큰 화재가 발생했다.

❺ second to none 누구에게도 뒤지지 않는, 최고의
He is **second to none** in math.
그는 수학에서 최고이다.

❻ help oneself to ~을 실컷 먹다
Help yourself to this cake.
이 케이크를 실컷 먹어라.

❼ stand to reason 이치에 맞다
Your remark does not **stand to reason**.
너의 말은 이치에 맞지 않는다.

❽ be accustomed to ~에 익숙하다
I **am** not **accustomed to** getting up early.
나는 일찍 일어나는 데 익숙하지 않다.

❾ devote oneself to ~에 헌신하다
He **devoted himself to** English education.
그는 영어 교육에 헌신했다.

❿ to no purpose 헛되이
He tried **to no purpose**.
그는 헛되이 시도했다.

스토리로 to 확실히 정복하기

달오리는 요즘 들어 **자러 가기가**❶ 겁이 납니다. 얼마 전부터 가위에 눌리기 시작했고, 그때마다 알 수 없는 존재가 **그에게 다가오기**❷ 시작했거든요. 기가 약해져서 그런가? 얼마나 안돼 보였는지 가족들이 달오리를 위해 한약도 한재 지어줬어요. 하지만 상황은 그저 **악화되기만**❸ 하는군요.

오늘도 달오리는 불안한 마음으로 **자러 갑니다.**❹ 인터넷에서 보니, 종교 경전에서 유명한 구절을 읊으면 귀신이 물러간다고 합니다! 아, 다만 한 단어라도 틀리면 모든 것은 **수포로 돌아간다고**❺ 합니다. 일단 미신인 것 같지만 **따르기로**❻ 합니다.

얼마나 지났을까요? 지난번과 **비슷한**❼ 느낌이 들어 실눈을 떠보니 또 그 귀신이 침대 근처에 와 있군요. 달오리는 떨리는 마음으로 눈을 질끈 감고 **지금까지**❽ 외운 각종 종교 경전에 나오는 문구들을 중얼중얼 외기 시작합니다. 몇 분이나 지났을까요? "이제 됐겠지?"라며 달오리는 눈을 뜹니다.

달오리는 자신의 눈앞에 있는 존재를 보고 깜짝 **놀라 죽을 뻔**❾합니다. 바로 그 귀신이 달오리를 똑바로 쳐다보고 있었기 때문입니다. 심지어 그것은 미소를 띠며 달오리에게 크게 소리칩니다. "더 해봐, 더 해봐, 더 해봐, 더 해봐~!!" 달오리는 결국 정신을 잃고 맙니다.

❶ go to bed ❷ come up to him ❸ go from bad to worse ❹ go to bed ❺ come to nothing ❻ conform to ❼ be similar to ❽ up to now ❾ frightened to death

into, out, off, from

PART **2**
들락날락 전치사

Unit 05. 안으로 into
Unit 06. 밖으로 out
Unit 07. 떨어져 off
Unit 08. 출발하여 from

Unit 05
안으로 into

동영상 강의 보기

I'm into the song. 내가 그 노래에 들어간다?

into하면 안으로 들어가는 이미지는 다들 잘 아시죠?
그렇다면, I'm into the song. 은
'나는 그 노래 속으로 들어간다.'라는 의미일까요?
설마 I가 노래의 '가사'를 가리킬까요?
가사가 노래 안에 들어 있으니까요?
어이쿠 죄송합니다.
그래서 바로 into가 갖는 비유적인 뜻을 알아야 하죠!

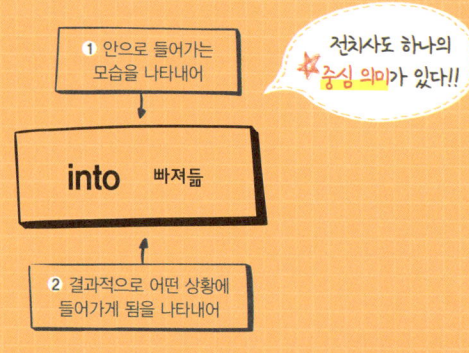

1 안으로 들어가는 모습을 나타내어

into 빠져듦

2 결과적으로 어떤 상황에 들어가게 됨을 나타내어

전치사도 하나의 중심 의미가 있다!!

into

1 빠져듦 '~안으로'

into A에서 A가 구체적인 장소인 경우에는 A 안으로 움직여 들어가는 상황을 나타냅니다. A가 노래나 배우인 경우에는 너무나 좋아서 정신적으로 빠져드는 것을 나타낼 수 있겠죠.

- **come into the classroom** 교실 안으로 들어오다
  ↘ classroom 안으로 들어오는 상황
- **look into the problem** 그 문제를 조사하다
  ↘ problem 안으로 시선과 생각이 들어감
- **be into the actor** 그 배우에게 푹 빠지다
  ↘ 그 actor가 좋아서 푹 빠져듦

말하기 훈련 — 우리말을 보고 영어로 말해 보세요!

그 집에 침입하다	break into the house
벽에 충돌하다	run into the wall
그 상황에 대한 통찰력	insight into the situation
계산에 넣다, 고려하다	take into account
그 노래에 푹 빠져 있다	be into the song

문장 말하기 훈련 — 위에서 학습한 표현을 이용하여 그림을 보고 영어로 말해 보세요!

- My mother **is into** the soap opera.
- Somebody **broke into** our shop last night.

into ② 결과 '~로, ~가 되어'

into A에서 A로 들어오는 상황은 비유적인 의미로 A가 그 과정의 결과물이 됨을 나타낼 수 있습니다. in이 정지된 '상태'를 전달하는 데 반해, into는 '변화'를 함축하기 때문에 '결과'라는 자연스러운 의미 변화가 가능한 것입니다.

- **come into effect** 효력을 발휘하다, 실시되다
  ↘ *effect가 결과로 나타나게 되는 상황*
- **divide into two parts** 두 부분으로 나누다
  ↘ *나누어서 two parts가 결과로 남는 상황*
- **translate the book into Korean** 그 책을 한글로 번역하다
  ↘ *Korean이 번역의 결과물인 상황*

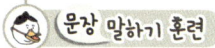

말하기 훈련 우리말을 보고 영어로 말해 보세요!

A를 B로 만들다	make A into B
이용되다	come into use
웃음을 터뜨리다	burst into laughter
~로 진화하다	evolve into
말로 설득해 그것을 사게 하다	talk her into buying it

문장 말하기 훈련 위에서 학습한 표현을 이용하여 그림을 보고 영어로 말해 보세요!

- The law will **come into effect** next month.
- You must **translate** this English book **into** Korean.

into의 관용적 표현

❶ into the bargain 게다가
He is handsome **into the bargain**.
그는 게다가 잘 생겼어.

❷ run into ~에 충돌하다
His car **ran into** the wall.
그의 차는 벽에 충돌했다.

❸ bump into ~를 우연히 만나다
I **bump into** her in the elevator.
나는 그녀와 엘리베이터 안에서 우연히 마주쳤다.

❹ put one's nose into ~에 간섭하다
Don't **put your nose into** my business.
내 일에 간섭하지 마라.

❺ get into hot water 곤경에 빠지다
She **got into hot water** during the concert.
그녀는 콘서트 중에 곤경에 빠졌다.

❻ come into being 탄생하다
When did the universe **come into being**?
우주는 언제 생겨났을까?

❼ put ~ into action 실천하다
It is important to **put** your words **into action**.
너의 말을 실천으로 옮기는 것이 중요하다.

❽ grow into ~로 자라다
It **grew into** a big company.
그것은 성장하여 큰 회사가 되었다.

❾ divide into ~로 쪼개지다
The big company **divided into** two parts.
그 큰 회사는 두 개로 쪼개졌다.

❿ go into bankruptcy 파산하다
The two companies **went into bankruptcy** in 1997.
그 두 회사는 1997년에 파산했다.

스토리로 into 확실히 정복하기

역시 나의 통찰력
자유석
지정석

오늘은 달오리의 학교에 전학생이 오는 날입니다. 그것도 미모의 여학생이라는군요! 달오리는 이 상황을 미리 **계산에 넣고**❶ 일부러 짝꿍을 정하지 않았습니다. 달오리의 학교는 교실을 **두 부분으로 나누어**❷ 앞쪽의 반은 지정석, 뒤쪽의 반은 자유석으로 하는 특이한 전통을 고수하고 있었던 것이죠.

달오리는 일부러 지정석 대신 자유석에 혼자 앉았습니다. 자리를 정하는 체계는 달오리에 의해 **이용되었고,**❸ 달오리는 그런 자신이 영특하다며 대견스러워합니다. 달오리는 **그런 상황에 대한 통찰력**❹이 있는 편입니다.

드디어 전학생이 **교실 안으로 들어옵니다.**❺ 이런 수가! 남학생입니다! 그것도 엄청 무섭게 생긴! 달오리를 뺀 나머지 학생들 모두 **웃음을 터뜨립니다.**❻ 달오리는 너무나 당황하여 문밖으로 뛰어나가다가 **벽에 충돌합니다.**❼ 달오리는 방금 들어온 남학생이 전학

온 여학생을 안내한 선도부라는 것을 알지 못한 채 기절합니다. 아름다운 여학생이 뒤이어 들어오는군요. 당황한 여학생은 소리를 지릅니다. 이어서 들 것이 **교실 안으로 들어오는 군요.**❽ 결론은… 달오리는 들 것과 짝이 될 운명이었군요.

❶ take into account ❷ divide into two parts ❸ come into use ❹ insight into the situation ❺ come into the classroom ❻ burst into laughter ❼ run into the wall ❽ come into the classroom

Unit 06
밖으로 out

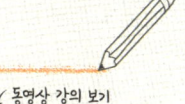

Fill out the form. 그 서류 양식을 밖에서 채워라?

Fill out the form. 은 여러분이
회사 등에 지원할 때 자주 만나게 되는 표현인데요.
설마 서류 양식의 안쪽은 휑하니 놔두고,
테두리 밖에다 열심히 기재하는 것은 아니겠지요?
느낌은 왠지 안을 채우라는 의미일 것 같긴 한데,
out하면 '밖으로, 밖에서'가 떠오르니,
자, 오묘한 out의 세계로 들어가 볼까요?

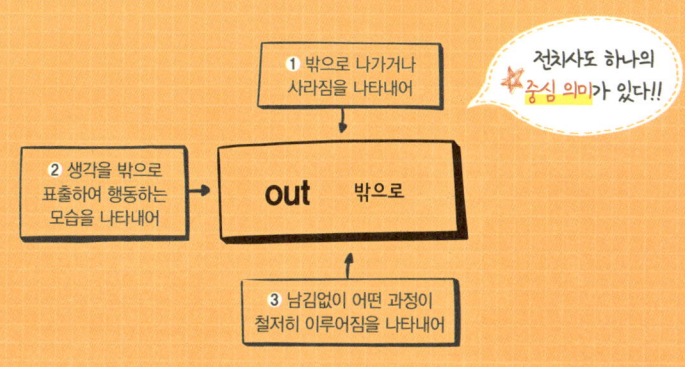

out 1 나감 '밖으로'

out은 어떤 장소에서 밖으로 움직이는 모습을 구체적으로 표현할 수 있죠. 비유적으로 사라지거나 없어지는 모습을 표현하기도 하고요. of와 결합하여 out of는 '~로부터 밖으로'의 의미를 나타낸답니다.

- **go out** 외출하다
  ↳ 집 안에서 밖으로 나가는 모습
- **pass out** 기절하다
  ↳ 정신이 밖으로 나가서 사라지는 모습
- **get out of my way** 방해하지 마
  ↳ my way로부터 밖으로 사라지는 상황
- **go out of one's way** 특별히 노력하다
  ↳ 평소의 자신의 방법으로부터 나가는 것은 특별한 다른 방법을 찾는 모습

말하기 훈련 우리말을 보고 영어로 말해 보세요!

일어나다, 발생하다	break out
퇴실 수속하다	check out
뽑다; 철수하다	pull out
뿌리 뽑다, 근절하다	root out
제정신이 아닌	out of one's mind

문장 말하기 훈련 위에서 학습한 표현을 이용하여 그림을 보고 영어로 말해 보세요!

- Riots **broke out** throughout the city.
- She **goes out** in the middle of the night.

out 2 성취 '해내다'

우리가 어떤 생각이나 의도를 마음에 두고 있다가 행동한다는 것은 결국 그것을 '밖으로' 표출시키는 것이 되겠죠. 그리하여 out에서 '성취'의 의미를 끌어낼 수 있죠. 우리말의 해내다(하다 + 밖으로 내다)에서 유사한 현상을 발견할 수 있습니다.

- **carry** out 성취하다
  ↳ 안의 생각을 밖의 행동으로 행하여 내다

- **figure** out 이해하다
  ↳ 셈을 하여 상황을 이해해내는 것을 나타냄

- **find** out 찾아내다
  ↳ 노력을 통하여 어떤 것을 찾아냄

말하기 훈련 우리말을 보고 영어로 말해 보세요!

작성하다; 이해하다	make out
문제를 해결하다; 운동하다	work out
완성하다, 마무리하다	round out
행하다, 행동으로 옮기다	act out
생각해 내다, 해결하다	hammer out

문장 말하기 훈련 위에서 학습한 표현을 이용하여 그림을 보고 영어로 말해 보세요!

• We have **found out** a good solution. • Don't worry. We'll **work** things **out**.

PART 2 | Unit 06. 밖으로 out 47

out 3 완성 '남김없이, 철저히'

out은 기본적으로 안에서 어떤 '경계'를 지나 밖으로 나가는 이미지를 가지고 있지요. 이때 그 테두리 안에 있는 것들을 하나도 '남김없이' 밖으로 빼내는 과정의 이미지를 떠올려 보신다면 out이 갖는 '남김없이, 철저히'의 의미가 이해가 될 것입니다. up이 아래에서 위로 올라가는 느낌의 '완전히'라면, out은 어떤 행동에 있어서 '남김없이, 철저히, 끝까지'의 이미지를 전달합니다.

- **wear out** 닳게 하다; 지치게 하다
  ↳ 옷이 다 헤어질 때까지 wear함

- **die out** distress 멸종하다
  ↳ 어떤 종류가 남김없이 모조리 die한 상황

- **fill out the form** 서류 양식을 다 채우다
  ↳ 서류 양식에 빠짐없이 모조리 fill하는 상황

 말하기 훈련 우리말을 보고 영어로 맞춰 보세요!

매진되다	be sold out
스트레스로 지치다	get stressed out
솔직히 털어놓다	speak out
주의하다, 경계하다	look / watch out
철저히	out and out

 문장 말하기 훈련 위에서 학습한 표현을 이용하여 그림을 보고 영어로 말해 보세요!

- His shoes and uniforms are **worn out**.
- They ask him to **fill out the form**.

out의 관용적 표현

❶ turn out 판명되다; 생산하다; 모여들다
The rumor **turned out** to be false.
그 소문은 거짓임이 판명되었다.

❷ stand out 눈에 띄다, 두드러지다
She **stands out** in this class.
그녀는 이 학급에서 눈에 띈다.

❸ set out 시작하다, 떠나다
He **set out** for Seoul full of hope.
그는 희망을 품고 서울을 향하여 출발했다.

❹ go out with 데이트하다
I want to **go out with** him.
나는 그와 데이트를 하고 싶다.

❺ get out of hand 통제를 벗어나다
My younger brother has **gotten out of hand**.
내 동생은 이제 통제가 안 된다.

❻ out of date 구식의
Your fashion is **out of date**.
네 패션은 유행을 지났다.

❼ out of breath 숨이 찬
The runner was **out of breath**.
그 주자는 숨이 찼다.

❽ out of the blue 뜻밖에, 불시에
She disappeared **out of the blue**.
그녀는 갑자기 사라졌다.

❾ out of question 확실한
Our victory is **out of question**.
우리의 승리는 확실하다.

❿ out of the question 불가능한
To get there on time is **out of the question**.
정각에 그곳에 도착하는 것은 불가능하다.

스토리로 out 확실히 정복하기

달오리는 오늘 **제정신이 아닌**[1] 상태입니다. 하마터면 **기절할**[2] 뻔했죠. 그 아프다는 사랑니를 무려 두 개나 **뽑았거든요**[3]. 그동안 달오리를 괴롭히던 고통의 원인 자체를 아예 **뿌리 뽑아**[4] 버린 것은 좋으나 이게 아파도 너무 아픕니다.

달오리는 너무 아픈 나머지 신경질적입니다. 간호사에게 **방해하지 말라며**[5] 볼에 얼음주머니를 대고 잔뜩 찡그리고 있군요. 어찌 됐든 이렇게라도 사랑니 뽑기를 **행동으로 옮겨**[6] 올해의 해야 할 일 중 하나를 **성취한 것**[7]이 매우 뿌듯합니다.

달오리는 이제 곧 **퇴실 수속을 해야**[8] 하므로 짐을 싸고 나갈 준비를 합니다. 달오리 앞으로 한 꼬마가 지나가는군요. 꼬마는 그를 빤히 쳐다보더니 무언가 **이해했다**[9]는 표정으로 핏기가 가득한 잇몸을 드러내며 씩 웃습니다. 아… 이 꼬마는 이를 네 개나 뽑았네요.

---

❶ out of one's mind ❷ pass out ❸ pull out ❹ root out ❺ get out of my way ❻ act out
❼ carry out ❽ check out ❾ figure out

Unit 07
떨어져 off

동영상 강의 보기

off는 '중단'과 '시작'에 둘 다 사용된다고?

off는 한국인이
오해를 많이 하는 단어 중에 하나랍니다.
어떤 표현에서는 '중단'의 의미로 쓰이는 것 같기도 하고,
또 다른 표현에서는 반대로 '시작'의 의미로 쓰이기도 하죠.
왜 이런지 요묘한 off의 세계로 출발해 봅시다.

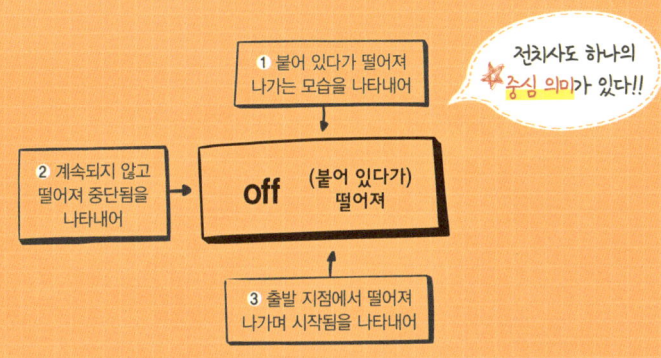

off 　1 이탈 '(붙어 있다가) 떨어져'

off는 on '접촉하여'의 반대 의미를 갖는 단어로서, 붙어 있다가 '떨어지는' 이미지를 가리킵니다. 따라서, off A는 A에게서 떨어지는 의미를 전달합니다.

- **get off** the bus 버스에서 내리다
  ↳ 버스에 탑승해 있다가 떨어져 나가는 모습
- take **off** one's clothes 옷을 벗다
  ↳ 몸이 옷에서 떨어져 나가는 모습
- **off** duty 비번인
  ↳ 자신의 의무에서 벗어나 떨어져 있는

 말하기 훈련　우리말을 보고 영어로 말해 보세요!

내려주다; 감소하다, 쇠퇴하다	drop off
미루다, 연기하다	put off
갑자기 떠나다; 폭발하다; 음식이 상하다	go off
~를 배웅하다	see off
비공식적의	off the record

문장 말하기 훈련　위에서 학습한 표현을 이용하여 그림을 보고 영어로 말해 보세요!

- He **takes off** his jacket on the bus.　・He forgot to take his jacket when he **got off** the bus.

off — 2 중단, 종료 '끝나서'

off는 on의 반대 기능을 한다고 볼 수 있죠. on이 '계속'의 의미를 전달한다는 점에서 off는 그 상황으로부터 '떨어져' 나가는 '중단'의 의미를 전달할 수가 있습니다. 예를 들어, 전기 제품의 전선이 서로 접촉하지 않고 떨어질 때 기능이 중지되는 점을 본다면 쉽게 이해할 수 있지요.

- **cut off the electricity** 전기를 끊다
  ↘ 전기가 계속 들어오는 것을 잘라서 끊다
- **call off the performance** 공연을 취소하다
  ↘ 공연이 끊어져 중단되는 상황
- **finish off one's work** 일을 끝내다
  ↘ 일을 끝내서 떨어져 나가는 상황

말하기 훈련 — 우리말을 보고 영어로 말해 보세요!

라디오를 끄다	turn off the radio
영어 공부를 그만두다	leave off studying English
중단하다	knock off
단숨에 마시다	toss off
헤어지다	break off

문장 말하기 훈련 — 위에서 학습한 표현을 이용하여 그림을 보고 영어로 말해 보세요!

- The electricity was **cut off** all of a sudden.
- The performance was **called off** because of heavy rain.

off **3 시작, 출발** '시작하다'

off는 '중단'과는 완전히 상반된 개념으로 '출발, 시작'의 의미도 가지고 있는 것이 매우 의아해 보일 수 있습니다. '이탈'이란 기본 의미에서 이러한 의미가 파생되는 것이 너무나 자연스러운 이유는 바로 기차가 출발할 때나 육상을 할 때의 모습을 조금만 떠올리면 됩니다. 출발 지점에서 정지된 상태에서 '떨어져 나가는' 모습이 바로 '시작'이니까요.

- **set off** 출발하다
  ↘ 출발 지점에서 떨어져 나가다
- **lead off** 시작하다
  ↘ 앞서서 리드하여 떨어져 나가다
- **kick off** 시작하다
  ↘ 공을 차서 경기를 시작하다

말하기 훈련   우리말을 보고 영어로 말해 보세요!

이륙하다	take off
출발하다	head off
~로 시작하다	start off with
이륙하다; 순조롭게 출발하다	get off the ground
촉발하다	touch off

문장 말하기 훈련   위에서 학습한 표현을 이용하여 그림을 보고 영어로 말해 보세요!

- The bus **sets off** for the concert hall exactly on time.   • They will **kick off** the performance at 3 o'clock.

off의 관용적 표현

① be better off 더 잘살다
I **am** far **better off** than three years ago.
나는 3년 전보다 훨씬 더 잘살고 있다.

② pay off 성과를 거두다
Your efforts will **pay off** someday.
당신의 노력은 언젠가 성과를 낼 것이다.

③ show off 자랑하다
The player **showed off** his special skills.
그 선수는 그의 특별한 능력을 자랑했다.

④ come off 떨어져 나가다; 성공하다
The button has **come off**.
단추가 떨어져 버렸다.

⑤ sign off 방송을 끝내다; 서명하여 끝내다
It's time to **sign off**.
방송을 끝마칠 시간이다.

⑥ head off 막다, 피하다
Our government is trying to **head off** the war.
우리 정부는 전쟁을 피하려 노력하고 있다.

⑦ laugh off 웃어넘기다
He decided to **laugh** it **off**.
그는 그 일을 웃어넘기기로 했다.

⑧ off limits 출입 금지 구역인
The area is **off limits** to the public.
그 지역은 대중에게 출입 금지된 구역이다.

⑨ off the point 요점에서 벗어난, 엉뚱한
What you say is **off the point**.
네 말은 요점에서 벗어난다.

⑩ live off 얹혀살다
He **lives off** his parents.
그는 부모에게 얹혀산다.

스토리로 off 확실히 정복하기

허벅지 쓰는 날

오늘은 달오리가 허벅지를 쓰는 날입니다. 마침 **비번인**❶ 날인데, 축구 경기가 있군요. 달오리는 한때 '폭격기'라는 별명이 있었습니다. 헤딩하는 모습이 마치 비행기가 **이륙한**❷ 뒤 폭탄을 **내려주는**❸ 모습과 닮았다고들 했죠.

오늘 경기는 지역 아마추어 조기축구회끼리 하는 **비공식적인**❹ 경기입니다. 달오리는 **시작하자**❺마자 공격적으로 뛰어다닙니다. 흥분한 달오리는 옷을 **벗어**❻ 던집니다. 경기는 거칠어지고 달오리는 파울을 범하기 시작합니다. 상대 다리를 자꾸 차기 시작하죠. 상대 팀 에이스를 특히 밀착 마크하는 달오리… 잠시 후, 드디어 상대 팀 에이스가 **폭발합니다.**❼ 에이스는 달오리를 노려보며 당장 경기를 **중단하자**❽는군요. 화가 난 상대 팀 에이스는 페트병을 하나 집어 들고 단숨에 **마십니다.**❾ 곧 웃통을 벗고 근육질의 몸을 보이며 달오리에게 달려오는 에이스…

달오리는 근육질의 에이스를 쳐다봅니다. 잠시 생각하던 달오리는 갑자기 공을 자기 팀 골문으로 차 넣습니다. 모두가 멍하니 공이 골대 안으로 들어가는 것을 바라봅니다. 자책골을 넣어 상대에게 1점을 대신 내준 달오리는 이제부터 에이스에게서 **떨어져 나갈 것**❿을 약속합니다. 잠시 후 경기는 재개되고 화기애애한 분위기에서 모두가 경기를 즐깁니다. 그렇습니다. 평화는 늘 강자에 대한 현명한 외교**로 시작합니다.**⓫

위기 모면 (자책골 jj)

❶ off duty ❷ take off ❸ drop off ❹ off the record ❺ kick off ❻ take off one's clothes ❼ go off ❽ knock off ❾ toss off ❿ come off ⓫ start off with

Unit 08
출발하여 from

동영상 강의 보기

die from hunger, 굶주림부터 죽다?

from의 뜻을 생각하면 '출발점'을 의미하는
'~로부터'가 먼저 떠오르지요.
그렇다면 die from hunger의 의미는 무엇일까요?
굶주림부터 죽다? 굶주림부터 사라진다?
단순한 '출발'의 의미만으로는 선뜻 이해가 안 되지요.
무엇인가 다른 파생적인 의미가 있을 것 같은데요.
자, from의 의미 세계로 출발해 볼까요?

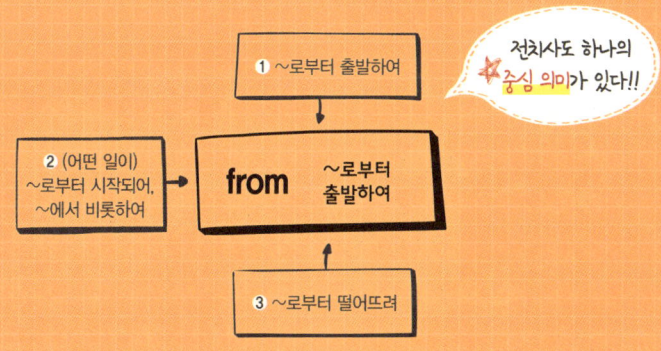

from   1 기점, 기원 '~로부터 출발하여'

from A에서 A가 장소나 시간을 뜻하는 단어일 경우는 '~로부터'의 의미를 뜻하며, A는 어떤 행위가 시작되는 기점이나 기원을 나타냅니다.

- **start from Yongsan** 용산에서 출발하다
  ↳ Yongsan으로부터 출발하다
- **from morning to night** 아침부터 밤까지
  ↳ morning부터 시작되어 night까지
- **a call from my friend** 내 친구로부터 걸려온 전화
  ↳ my friend에게서부터 시작되어 걸려온 전화

말하기 훈련   우리말을 보고 영어로 말해 보세요!

일곱 살부터	from the age of seven
지금부터 쭉	from now on
집집마다	from door to door
~출신이다	come / be from
잠에서 깨다	awake from sleep

문장 말하기 훈련   위에서 학습한 표현을 이용하여 그림을 보고 영어로 말해 보세요!

- My parents work hard **from morning to night**.
- She got **a call from** her old friend this morning.

from 2 근원, 원인 '~로부터, ~로 인해'

from A에서 from이 갖는 중심 의미인 '출발'은 비유적인 상황에서는 어떤 변화를 가져오는 '근원'이나 '원인'의 의미를 전달할 수 있답니다. 그리하여 해석상 '~로 인하여, ~로 부터'의 뜻을 갖게 되지요.

- **die from overwork** 과로사하다
  ↳ overwork로부터 원인이 되어 사망하다
- **know from experience** 경험으로 알다
  ↳ experience로부터 무엇인가를 배워 알게되다
- **lie from the fear** 두려움 때문에 거짓말하다
  ↳ fear로 인해서 거짓말하다

 말하기 훈련 우리말을 보고 영어로 말해 보세요!

호기심에서 질문하다	ask from curiosity
암을 앓다	suffer from cancer
기후 변화에서 기인하다	the result from climate change
증거로 판단컨대	judging from the evidence
그녀의 얼굴로부터 추측하다	guess from her face

 문장 말하기 훈련 위에서 학습한 표현을 이용하여 그림을 보고 영어로 말해 보세요!

• He **asked** her just **from curiosity**.

• The man **died from overwork**.

from ③ 분리 '~로부터 떨어뜨려, ~에서 분리되어'

from A에서 from의 중심 의미는 어떤 사물이 A로부터 '시작'되는 것인데, 이것을 다른 관점에서 보면 A로부터 '분리'되어 멀어지는 상황으로 이해할 수도 있답니다. A는 장소뿐만 아니라 사람이나 추상적인 개념도 가능합니다.

- **be absent from school** 학교에 결석하다
  ↘ school로부터 분리되어 멀어져 결석하다
- **abstain from smoking** 흡연을 삼가다
  ↘ smoking으로부터 분리되어 멀어지다
- **distinguish truth from falsehood** 진실과 거짓을 구별하다
  ↘ 진실을 falsehood로부터 분리시켜 구별하다

말하기 훈련 우리말을 보고 영어로 말해 보세요!

~은 별도로 하고, 제외하고	aside / apart from
사실과 거리가 먼	far from the truth
아이들로부터 멀리 두다	keep ~ away from children
빚이 없는	free from debts
A가 ~하는 것을 막다	prevent A from ~ing

문장 말하기 훈련 위에서 학습한 표현을 이용하여 그림을 보고 영어로 말해 보세요!

- You had better **abstain from** drinking.
- **Keep** the bottle **away from children**.

from의 관용적 표현

❶ live from hand to mouth 생계를 간신히 유지하다
His family **lives from hand to mouth**.
그의 가족은 생계를 간신히 유지하고 있다.

❷ straight from the shoulder 솔직하게, 단도직입적으로
He prefers to talk **straight from the shoulder**.
그는 단도직입적으로 말하기를 선호한다.

❸ from time to time 종종
We enjoy eating out **from time to time**.
우리는 종종 외식을 즐깁니다.

❹ from scratch 처음부터
You must start again **from scratch**.
너는 처음부터 다시 시작해야 한다.

❺ hear from ~로부터 소식을 직접 듣다
I wasn't expecting to **hear from** you.
나는 너에게서 연락이 올 줄 몰랐다.

❻ stem from ~에 기인하다, 생겨나다
Some disease seems to **stem from** the lack of exercise.
어떤 병들은 운동 부족에서 기인한 것 같다.

❼ date from ~부터 시작되다, 거슬러 올라가다
The festival **dates from** around 100 years ago.
그 축제는 약 100년 전부터 시작되었다.

❽ derive from ~에서 유래되다
Many English words **derive from** German.
많은 영어 단어는 독일어에서 유래된다.

❾ be made from ~로 만들어지다
Wine **is made from** grapes.
와인은 포도로 만들어진다.

스토리로 from 확실히 정복하기

달오리는 오늘부터 패스트푸드를 삼가 [1]하기로 했습니다. 요즘 들어 몸이 부쩍 안 좋아졌기 때문입니다. 증거로 판단컨대 [2] 이렇게 계속 먹으면 비만으로 고통스러워할 [3] 수도 있을 것 같습니다. 아침부터 밤까지 [4] 계속 먹어대고 있거든요.

얼마 전 여자 친구가 몸무게가 몇 킬로냐고 물어봤을 때 두려움 때문에 거짓말 [5]을 했습니다. 이제 더는 속일 자신이 없습니다. 달오리는 요즘 돈도 없어서 걱정인데, 음식만 끊으면 빚이 없는 [6] 상태로 돌아설 수 있을 겁니다. 일석이조죠! 그러나 이 모든 것은 사실과 거리가 먼 [7] 일일지도 모릅니다.

달오리는 친구로부터 걸려온 전화 [8]를 받습니다. 오늘 한잔하자는 전화죠. 달오리는 다이어트 노트를 슬쩍 꺼내서 시작 날짜를 고쳐 씁니다. 다이어트는 내일부터, 오늘은 불타는 밤!

자세히 보니 달오리의 다이어트 노트가 상당히 두껍군요. 3년째 매일 결심만 하고 있습니다.

---

❶ abstain from fast-food ❷ judging from evidence ❸ suffer from obesity ❹ from morning to night ❺ lie from the fear ❻ free from debts ❼ far from the truth ❽ a call from a friend

over, above, beyond, up

PART 3
위로 가자!

Unit 09. 바로 위에 over
Unit 10. 보다 위쪽에 above
Unit 11. 넘어서 beyond
Unit 12. 위로 up

Unit 09
바로 위에 over

동영상 강의 보기

School is over. 학교가 위에 있다?

over라고 하면 너무 쉽게 '위'라고 말하고 끝내버리는 경향이 있는데,
over는 생각보다 어려운 단어라고 할 수 있지요.
항상 '위'만 떠올린다면, School is over. 는
'학교가 위에 있다.'가 되지 않겠어요?
설마 학교가 산 정상 부근에 있는 것은 아니겠지요?
자, 이 표현의 정확한 의미를 알기 위해
over의 중심 의미로 들어가 볼까요?

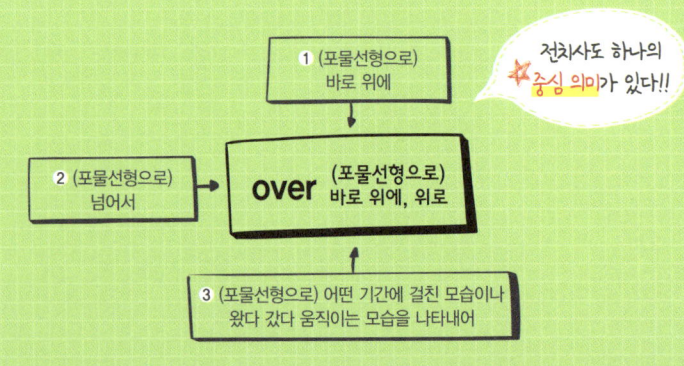

1 (포물선형으로) 바로 위에
2 (포물선형으로) 넘어서
over (포물선형으로) 바로 위에, 위로
3 (포물선형으로) 어떤 기간에 걸친 모습이나 왔다 갔다 움직이는 모습을 나타내어

전치사도 하나의 ★중심 의미가 있다!!

over 1 뒤덮음 '~(바로) 위에, ~에 대하여'

over는 어떤 사물의 바로 위쪽을 뒤덮는 이미지로 이해하면 됩니다. 즉, 포물선 형태로 윗면 전체를 '뒤덮는' 모습을 떠올리면 되는 것이죠. 비유적인 의미로 쓰이는 경우에는 어떤 문제 전체를 위에서 내려다보듯이 살피고 검토하는 이미지로 연결될 수 있지요. 그래서 '(전반적으로) ~에 대하여'라는 추상적인 의미도 가지게 되었답니다.

- **over** the sky 하늘 위에
    ↳ sky를 뒤덮는 위쪽에 또는 위쪽으로

- look **over** application 그 신청서를 검토하다
    ↳ application의 전반적인 면을 살펴보다

- talk **over** the matter 그 문제에 대해 이야기하다
    ↳ matter를 뒤덮는 전반적인 이야기를 하다

말하기 훈련 우리말을 보고 영어로 말해 보세요!

그 강 위에	over the river
전국에 걸쳐	all over the country
13세 이상의 어린이들	children over thirteen
죄수들을 지켜보다	watch over prisoners
~를 숙고하다	think / brood over

문장 말하기 훈련 위에서 학습한 표현을 이용하여 그림을 보고 영어로 말해 보세요!

• There is fear of earthquakes **all over the country**.   • They spend hours **talking over the matter**.

over   2 넘김 '~를 넘어서, 끝나서'

over는 전체 범위를 알고 있는 상태에서 어떤 사물을 '넘어가는' 의미를 전달할 수도 있습니다. 앞에서 본대로 over가 '위로'의 의미를 갖는 경우에도 포물선적인 움직임의 이미지를 내포하고 있는데요. 이는 육상의 장애물 넘기를 떠올린다면 알 수 있듯이 자연스럽게 '넘어가는' 이미지를 만들어낸답니다. 또한, 어떤 정해진 시점을 '넘어가는' 포물선형의 이미지를 통해서 '종료'의 의미가 파생되는 것도 매우 자연스러운 의미 변화라고 할 수 있습니다.

- **get over difficulty** 어려움을 극복하다
  ↳ difficulty를 극복하여 넘어가다

- **look over one's mistake** ~의 실수를 눈감아주다
  ↳ mistake를 보고 그냥 넘기다

- **run over a man** 차가 사람을 치다
  ↳ 차가 사고를 내어 man 위로 넘어가다

말하기 훈련   우리말을 보고 영어로 말해 보세요!

끝나다	be over
인수하다, 떠맡다	take over
~을 무시하다	pass over
연기하다	hold over
다리를 건너가다	cross over a bridge

문장 말하기 훈련   위에서 학습한 표현을 이용하여 그림을 보고 영어로 말해 보세요!

- He **ran over** a woman by mistake.
- It took three months for her to **get over** her injury.

over 3 반복 '~에 걸쳐서, (왔다 갔다) 되풀이하여'

over는 포물선적인 움직임이 핵심 이미지인데, 이러한 이미지에 시간 개념이 결합하면 '~의 기간에 걸쳐서, ~가 끝날 때까지, ~상으로, ~하면서'의 의미를 갖게 됩니다. 또한, 자동차 앞 유리창의 와이퍼의 움직임처럼 포물선형으로 왔다 갔다하는 모습에서 '되풀이하여, 반복하여' 등의 파생적인 의미가 생겨난답니다.

- **talk over the telephone** 전화상으로 이야기하다
  ↳ telephone을 통해 상대방으로 이야기가 넘어가는 상황
- **talk over coffee** 커피를 마시며 이야기하다
  ↳ coffee를 마시는 동안에 그 시간에 걸쳐 이야기하다
- **go over** 복습하다; 검토하다
  ↳ 공부의 과정을 포물선형으로 되풀이하다

말하기 훈련 우리말을 보고 영어로 말해 보세요!

수 세기에 걸쳐서	over the centuries
장기적으로	over the long term
인터넷을 통해	over the Internet
다시 시작하다	start over
되풀이하여	over and over / again

문장 말하기 훈련 위에서 학습한 표현을 이용하여 그림을 보고 영어로 말해 보세요!

- She can't **talk over the telephone** in detail.
- Let's **talk over** the coffee.

over의 관용적 표현

① **weep over** 슬퍼하다
The young fans **wept over** her death.
그 어린 팬들은 그녀의 죽음에 대하여 슬퍼했다.

② **turn over** 넘기다, 뒤집다
I **turned over** a leaf of the calendar.
나는 달력의 한 장을 넘겼다.

③ **hang over** 임박해 있다 → 구름이 위에 걸려 있어 비가 임박한 것처럼 어떤 일이 닥쳐 있다
War clouds **hang over** the country.
전운이 그 나라에 감돌고 있다.

④ **all over** the country 전국에 걸쳐
People celebrated the victory **all over the country**.
사람들은 전국에서 그 승리를 경축했다.

⑤ **chat over coffee** 커피를 마시며 이야기를 나누다 → 커피를 마시는 시간에 걸쳐서 이야기하다
Why don't we **chat over coffee**?
커피 마시며 이야기를 나누면 어때?

⑥ **over-the-counter** 처방전 없이 살 수 있는 → 약국의 계산대 너머로 바로 살 수 있는
Convenience stores can sell **over-the-counter** drugs.
편의점은 처방전 없이 살 수 있는 약을 판매할 수 있다.

⑦ **over the moon** 황홀한 → 달 위쪽의 하늘까지 날아갈 정도로 기분이 좋은
I'm **over the moon** today.
나는 오늘 기분이 날아갈 것 같아.

⑧ **pull over** 차를 가장자리에 세우다 → 차선을 넘어 가장자리로 세우다
Slowly, I want you to **pull over**.
천천히 차를 세우세요.

⑨ **stop over** 잠깐 들르다, 도중 하차하다
He **stopped over** in Tokyo to meet his uncle.
그는 삼촌을 만나기 위해 도쿄에 잠깐 들렀다.

⑩ **pass over** 눈감아주다; 무시하다
He **passed over** my fault.
그는 내 실수를 눈감아 주었다.

스토리로 over 확실히 정복하기

아, 이 고통은 언제 <u>끝날까요.</u>❶ 달오리는 오늘도 하릴없이 걷다가 뛰다가 <u>되풀이하다</u>❷가, <u>다리를 건너갑니다.</u>❸ 매우 오랜 시간 <u>숙고해</u>❹ 보았지만, 이제는 모든 것을 <u>무시하고</u>❺ 그녀를 잊고 보란듯이 <u>다시 시작할</u>❻ 때입니다.

그녀는 한때 달오리의 삶 전부였습니다. 모든 것을 <u>연기해서</u>❼라도 그녀를 만날 시간과 돈은 있었습니다. 그러나 결과적으로 그녀는 달오리의 마음을 비참하게 짓밟았습니다. 친구들이 가르쳐준 대로 그녀를 잊으려는 방법을 다시 <u>복습해봅니다.</u>❽

문득 하늘을 보니, 구름 모양이 그녀로 보입니다. <u>하늘 위에</u>❾ 뭉게뭉게 그녀의 아름다운 얼굴이 가득하군요. 미쳤나 봅니다… 더는 <u>그 문제에 관해 이야기하고</u>❿ 싶지 않습니다. 이를 악물고 <u>어려움을 극복할</u>⓫ 것입니다.

실은 달오리의 그녀는… 아이스크림입니다. 석양이 비치는 구름이 오늘따라 참 잘 얹은 딸기 요구르트 아이스크림을 닮았군요.

---

❶ be over ❷ over and over / again ❸ cross over a bridge ❹ think / brood over ❺ pass over ❻ start over ❼ hold over ❽ go over ❾ over the sky ❿ talk over the matter ⓫ get over difficulty

Unit 10
보다 위쪽에 above

above bad behavior 나쁜 행동 위의? 그렇다면 진짜 나쁜?

above라고 하면 다들 '위'라는 것은 아는데,
over와의 관계에 대해서 모르는 경우가 많습니다.
over는 '포물선'과 같은 이미지를 함축하며,
위에 있는 모습이 핵심 의미이자 이미지라고 했는데요.
above는 일단 '바로 위의'라는 의미는 절대로 아니거든요.
above는 over와 관련은 있지만 다른 의미를 전달하니
매우 주의하셔야 합니다.
자, above의 의미 세계로 들어가 볼까요?

```
        ┌─────────────┐
        │ 1 ~보다 위쪽  │
        └──────┬──────┘
               ↓
    ┌──────────────────────┐
    │  above   ~보다 위쪽    │
    └──────────┬───────────┘
               ↑
        ┌──────┴──────────┐
        │ 2 ~를 뛰어넘어    │
        │   할 리가 없는    │
        └─────────────────┘
```

전치사도 하나의 **중심 의미**가 있다!!

above

1 ~보다 위쪽 '~보다 위쪽에'

above는 어떤 대상에서 떨어져서 위에 있는 모습을 나타내며, over '바로 위쪽에'에 비해 더 위쪽을 나타낸다고 할 수 있습니다. 수량 등의 앞에 쓰일 때는 어떤 기준점 보다 위인 경우를 나타낼 수 있지요.

- **the sun above the mountain** 산 위에 있는 태양
  ↳ mountain에서 떨어져서 위에 떠 있는 태양

- **100 meters above ground** 지상 100미터
  ↳ ground에서 떨어져 100미터

- **above average** 평균 이상인
  ↳ average보다 위쪽인

말하기 훈련 우리말을 보고 영어로 말해 보세요!

수평선 위로 떠오르다	rise above the horizon
구름 위로	above the clouds
섭씨 40도 이상인	above 40 degrees Celsius
해발 500미터	500 meters above sea level
65세 이상의 사람들	persons of 65 and above

문장 말하기 훈련 위에서 학습한 표현을 이용하여 그림을 보고 영어로 말해 보세요!

산 위에 햇볕이 쨍쨍

기상예보관

- **The sun above the mountain** is blazing down on us.
- The temperature will be **above 40 degrees Celsius**.

above 2 초과, 초월 '~를 뛰어넘는 / 할 수 없는'

above가 비유적으로 쓰일 때는 어떤 행위의 가능한 범주보다 더 위쪽에 있는 것을 의미하기 때문에, 결국 '불가능함'을 뜻할 수 있죠. beyond에도 이러한 의미를 전달하는 기능이 있답니다.

- **above** suspicion 의심의 여지 없는
  ↳ suspicion의 범주를 초과하는
- **above** bad behavior 나쁜 행동을 할 리가 없는
  ↳ bad behavior 행동의 기준보다 훨씬 위에 있어서 하지 않는
- **above** all 무엇보다, 우선
  ↳ all을 뛰어넘어서

 말하기 훈련 우리말을 보고 영어로 말해 보세요!

~할 리가 없는	above doing something
내 이해력을 넘는	above my comprehension
값을 매길 수 없는	above price
무엇보다도	above all things
흠잡을 데가 없다	be above criticism

 문장 말하기 훈련 위에서 학습한 표현을 이용하여 그림을 보고 영어로 말해 보세요!

- He is **above** telling a lie.
- The gentleman is **above** bad behavior.

above의 관용적 표현

❶ the court above 상급 법원
He decided to appeal to **the court above**.
그는 상급 법원에 항소하기로 했다.

→ 머리를 물 위로 치켜들어 간신히 목숨을 유지하는 모습

❷ keep one's head above water 재정적으로 간신히 꾸려 나가다
He managed to **keep his head above water**.
그는 간신히 생계를 꾸려 나갔다.

❸ be above the weather 몸 상태가 좋다 → under the weather '몸이 안 좋은'의 반대 표현
I think he **is above the weather**.
나는 그가 몸 상태가 좋다고 생각한다.

❹ above one's income 수입 이상의
You should not spend **above your income**.
너는 너의 수입 이상으로 지출하면 안 된다.

❺ over and above ~외에도
Over and above money, love plays an important role.
돈 이외에도 사랑이 중요한 역할을 한다.

❻ put above 보다 중시하다 → ~보다 위쪽에 놓다
He **puts** honor **above** money.
그는 돈보다 명예를 중시한다.

❼ above board 공명정대한 → 누구나 볼 수 있도록 위로 놓아 투명한
All the processes should be **above board**.
모든 과정은 공명정대해야 한다.

❽ as mentioned above 위에서 언급한 대로
As mentioned above, science can't solve every problem.
위에서 언급한 대로, 과학이 모든 문제를 해결할 수는 없다.

❾ be above oneself 주제를 넘다, 분수를 잊다
You should not **be above yourself** in any case.
너는 어떤 상황에서도 주제를 넘어서는 안 된다.

❿ above the standard 표준 이상의
The quality of the product is not **above the standard**.
그 제품의 품질은 표준 이상이 아니다.

스토리로 above 확실히 정복하기

등산 도전!

달오리는 오늘 등산하려고 합니다. 아침에 일어나서 산 위에 있는 태양❶을 보니 우선❷ 산에 오르고 봐야겠다는 생각이 들었습니다. 인생은 도전 아닙니까?

아, 그런데 오늘 한 가지 제약이 있습니다. 날씨가 섭씨 40도 이상❸이라서 65세 이상의 사람들❹은 외출을 자제하라는 국민 안전 본부의 문자도 받았죠. 그러나 아직 젊디젊은 달오리는 구름 위에❺ 우뚝 솟아 있는 산 정상을 보고 다시 한번 마음을 다잡습니다.

하지만, 첫 포부와는 달리 늘어져 가는 몸을 추슬러가며 산을 오르던 달오리는 겨우 지상 100미터❻ 지점에 와 있음을 깨닫습니다. 이미 누가 봐도 떡이 되었지만 "좋아, 난 아직 멀쩡해."라며 다시 발을 옮깁니다. 드디어 해발 500미터❼ 지점입니다. 땀이 비 오듯 쏟아지고… 잠시 후, 달오리는 기억을 잃습니다.

얼마나 시간이 지났을까요? 달오리는 자신을 깨우는 구조대원들의 목소리를 듣습니다. "아저씨, 이 날씨에 산에 왜 올라가요? 이건 제 이해력을 넘는❽ 짓이에요!"라고 외치며 구조대원들이 인상을 찌푸립니다. 달오리는 어지러움에서 벗어나기 위해서 구조대원의 주머니에서 삐져나온 초코바를 슬쩍 꺼내서 먹기 시작합니다. 달오리는 자신이 나쁜 행동을 할 리 없는❾ 사람이라고 생각하지만, 오늘의 교훈… 무지도 죄입니다.

❶ the sun above the mountain ❷ above all ❸ above 40 degrees Celsius ❹ persons of 65 and above ❺ above the clouds ❻ 100 meters above ground ❼ 500 meters above sea level ❽ above my comprehension ❾ above bad behavior

Unit 11
넘어서 beyond

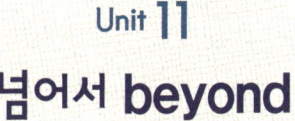

beyond description, '묘사'를 넘는다고?

beyond라고 하면
'무엇인가를 넘어서'라는 의미인 것쯤은 많이들 아시는 것 같아요.
그런데 beyond 뒤에 추상적인 개념이 올 때는
어떻게 해석되는지 모르는 분들이 계신데요.
beyond의 의미 세계로 함께 가보실까요?

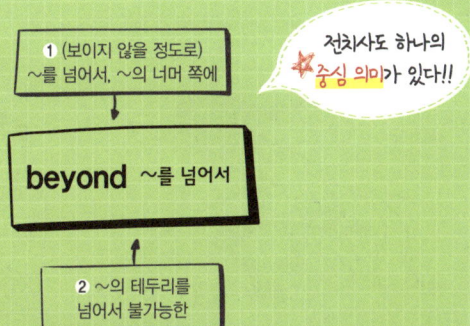

beyond 1 넘어감 '~를 넘어서, ~의 너머 쪽에'

beyond A에서 A가 장소나 시간을 나타낼 때, beyond는 A를 넘어서 범위를 알 수 없이 뻗어가는 이미지를 전달합니다. over가 범위를 알 수 있는 상태에서 '~를 넘어서'인데 반해, beyond는 시야나 기간의 범위가 끝나는 지점을 알 수 없다는 것이죠.

- sink **beyond** the horizon 수평선 너머로 가라앉다
  ↘ horizon 너머 쪽 보이지 않는 곳으로 가라앉다
- be **beyond** the hill 언덕 너머에 있다
  ↘ hill을 넘어 그 어딘가에 있다
- **beyond** the deadline 최종 기한을 넘어
  ↘ deadline을 지나서 알 수 없는 그 어느 때

말하기 훈련 우리말을 보고 영어로 말해 보세요!

공원을 지나 있다	lie beyond the park
해외로 가다	go beyond the seas
자정이 지나서 계속되다	continue beyond midnight
30분 이상 달리다	run beyond 30 minutes
100세가 넘게 살다	live beyond the age of 100

문장 말하기 훈련 위에서 학습한 표현을 이용하여 그림을 보고 영어로 말해 보세요!

- The banquet hall **is beyond** that park.
- The party **continued** well **beyond midnight**.

beyond 2 초과 '~의 범위를 넘어서, ~이 불가능한'

beyond A에서 A가 장소나 시간을 나타내는 명사 이외의 추상적인 개념 혹은 사람이 나올 경우에 beyond는 어떤 행동이나 생각의 '범위를 넘거나' 혹은 '불가능한' 상황을 나타냅니다. 앞서 배운 above에도 이러한 의미가 있었죠.

- **beyond question** 확실한, 확실히
  ↳ question의 범주를 넘어서는 상황

- **beyond description** 말로 표현할 수 없는
  ↳ description을 할 수 있는 범위를 넘는

- **This is beyond me.** 이것은 저로서는 알 수 없습니다.
  ↳ me의 능력의 범위를 넘어서는 상황

말하기 훈련 — 우리말을 보고 영어로 말해 보세요!

의심의 여지 없이	beyond doubt
가망이 없는	beyond hope
상상할 수 없는	beyond imagination
~의 능력 밖의	beyond one's power
~의 통제 밖에 있는	beyond one's control

문장 말하기 훈련 — 위에서 학습한 표현을 이용하여 그림을 보고 영어로 말해 보세요!

이루 말할 수 없는 고통

상상 초월 가난

- Their sufferings are **beyond description**.
- The poverty in the region is **beyond imagination**.

beyond의 관용적 표현

① **beyond reach** 손이 닿지 않는, 힘이 미치지 않는 → 손이나 힘이 미치는 범위를 초과하는
His position is **beyond** my **reach**.
그의 자리는 도저히 나로서는 도달할 수 없는 곳이다.

② **go beyond** 초과하다
The new camera **goes beyond** an affordable price.
그 새 카메라는 적정가를 훌쩍 넘어선다.

③ **live beyond** one's **means** 수입 이상의 생활을 하다, 분수에 맞지 않게 살다 → means '재산'의 허용 범위를 초과하여 살다
She seems to **live beyond her means**.
그녀는 분수에 맞지 않는 생활을 하는 것 같다.

④ **beyond recognition** 알아볼 수 없는
You have changed **beyond recognition**.
당신은 몰라보게 달라졌군요.

⑤ **beyond belief** 믿을 수 없는, 믿을 수 없게
The old lady is rich **beyond belief**.
그 할머니는 믿을 수 없을 만큼 부자다.

⑥ **beyond price** 값을 매길 수 없을 정도로 귀중한
The old document is **beyond price**.
그 고문서는 값을 매길 수 없을 만큼 귀중하다.

⑦ **beyond all reason** 비상식적인
His behavior was sometimes **beyond all reason**.
그의 행동은 때로는 전혀 상식에 맞지 않았다.

⑧ **beyond** one's **depth** 이해할 수 없는
What he said was **beyond my depth**.
나는 그의 말을 도저히 이해할 수가 없었다.

⑨ **beyond repair** 수리할 수 없는
I'm sorry, but your computer is **beyond repair**.
죄송하지만, 당신의 컴퓨터는 수리가 안 돼요.

⑩ **beyond praise** 아무리 칭찬을 해도 지나치지 않는
The brave youth's behavior was **beyond praise**.
그 용감한 젊은이의 행동은 아무리 칭찬을 해도 지나치지 않았다.

스토리로 beyond 확실히 정복하기

오늘은 달오리가 출장으로 처음 해외에 가는❶ 날입니다. 서울에 상경해서 대도시에 적응하느라 힘들었던 자신을 생각해보면 엄청난 발전을 이루었습니다. 비행기를 처음 타는 달오리는 비행기를 장시간 타려면 체력이 좋아야 한다는 친구들의 조언을 믿고 매일 30분 이상 달렸습니다.❷ 물론 친구들이 장난친 것이라는 사실을 달오리는 모릅니다.

비행기를 탄 달오리는 친구들의 말대로 귀가 먹먹해지는 것을 느낍니다. 아! 의심의 여지 없이❸ 이런 일이 발생하는군요! 달오리는 친구들이 가르쳐준 대로 준비해 온 빨대를 입에 물고 손으로 귀를 잡습니다. 때마침 좌석을 점검하던 승무원들이 달오리의 말로 표현할 수 없는❹ 모습을 보고 충격을 받습니다. 요즘 세상에 아직 저런 순수한 분이 계시다는 것은 상상할 수 없는❺ 일이었죠. 달오리의 이 귀여운(?) 행동은 자정이 지나서까지 계속됩니다.❻

덕분에 장시간 비행이 지루할 틈이 없는 승객들. 몰래 휴대폰으로 달오리를 찍습니다. 그들의 SNS에 #대박사건 #어서와비행기는처음이지 라는 해시태그와 함께 달오리의 사진을 폭풍 업로드합니다.

❶ go beyond the seas ❷ run beyond 30 minutes ❸ beyond doubt ❹ beyond description ❺ beyond imagination ❻ continue beyond midnight

Unit 12
위로 up

동영상 강의 보기

pull up the car, 차를 위로 당기라구?

up하면 '위로'가 떠오르는 것은 초등학생도 알만한 사실이지요.
그런데 up이 항상 '위'와 연관된 것만은 아니라는 것을 기억해야 합니다.
만약 미국에 갔는데 경찰이
"Pull up the car!"라고 외치면 어떡하시겠어요?
차를 경사진 위쪽으로 당기시겠어요?
자, 오묘한 up의 세계로 함께 가보시죠.

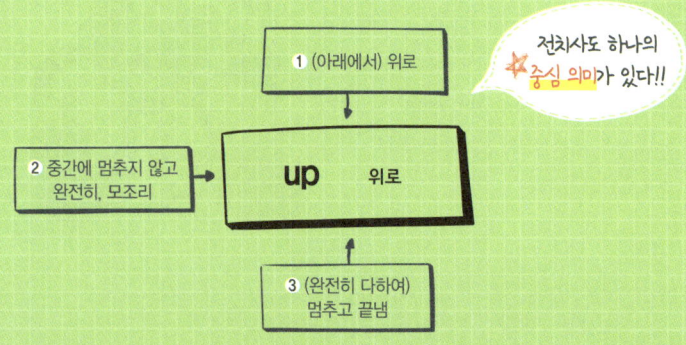

전치사도 하나의 중심 의미가 있다!!

1 (아래에서) 위로
2 중간에 멈추지 않고 완전히, 모조리
3 (완전히 다하여) 멈추고 끝냄

up 위로

up 1 올라감 '위로'

up의 중심 의미는 우리가 쉽게 아는 것처럼 방향을 나타내는 '위로'입니다. 만약, 추상적이고 비유적으로 쓰일 때는 심리적인 어떤 면이 '상승'하는 상황이나 '강조'의 의미를 나타낼 수 있습니다.

- **stand up** 일어서다
  ↳ 앉아 있는 상태에서 위로 stand하다
- **turn up the volume** 소리를 크게 하다
  ↳ turn하여서 볼륨을 올리다
- **bring up** 양육하다; 제안하다
  ↳ 아이를 키가 위로 자라도록 하거나, 아이디어 등을 위로 부각시키다

말하기 훈련 — 우리말을 보고 영어로 말해 보세요!

일찍 일어나다	get up early
나타나다	show up
잠을 자지 않고 앉아 있다	sit up
줍다; 도중에 태우다, 마중 나가다	pick up
격려하다	cheer up

문장 말하기 훈련 — 위에서 학습한 표현을 이용하여 그림을 보고 영어로 말해 보세요!

- There is an old woman **picking up** garbage.
- Everyone **stood up** to see the old woman.

up 2 100% '완전히, 모조리'

up이 가진 '위로'라는 이미지는 아래에서부터 시작하여 꼭대기까지 올라간다는 점에서 어떤 과정이 '완전히' 진행되는 이미지를 함축하고 있지요. 그러므로 up이 '완전히, 완벽하게'의 파생적인 의미를 갖는 것은 자연스러운 의미 변화라 할 수 있습니다.

- **eat up** 다 먹어버리다
    ↳ 남기는 것 없이 모두 eat하다
- **fill it up** 가득 채워 주세요.
    ↳ 중간에 멈추지 않고 위까지 완전히 fill함
- **use up** 모조리 다 쓰다
    ↳ 남기지 않고 완전히 다 use하다

말하기 훈련   우리말을 보고 영어로 말해 보세요!

잘게 썰다	cut up (=chop)
폭파시키다; 과장하다	blow up
완전히 깨지다, 헤어지다	break up
완전히 차려입다, 정장하다	dress up
~에 지겹다	be fed up with

문장 말하기 훈련   위에서 학습한 표현을 이용하여 그림을 보고 영어로 말해 보세요!

- She **is fed up** with his flat joke.
- It is reported that the couple **broke up**.

82 어쩌다 영어터집

up   ③ 정지 '멈춰서, 끝나서'

up이 '위로'와 함께 '완전히'의 의미를 갖게 되는 상황은 어떤 일의 과정이 이제 멈추게 된다는 점에서 '정지'와 '마무리'의 의미를 파생시킬 수 있습니다. 앞서 본 fill it up '가득 채우다'의 경우만 보더라도 더 채울 수가 없기에 fill하는 행위를 '중단'하고 '마무리'하게 되는 것이죠.

- **pull up** 멈추다
  ↳ *차나 탈 것을 중지시켜 멈추다*

- **make up** 구성하다; 화장하다; 화해하다
  ↳ *100%가 되도록 조직, 얼굴, 관계를 잘 마무리 짓다*

- **time is up** 시간이 다 됐다
  ↳ *time이 다 끝나서 마무리되는 상황*

말하기 훈련   우리말을 보고 영어로 말해 보세요!

멈추다	hold / draw / bring up
포기하다	give up
쇼를 끝내다	wrap up the show
전화를 끊다	hang up
멈추다, 잠잠해지다	let up

문장 말하기 훈련   위에서 학습한 표현을 이용하여 그림을 보고 영어로 말해 보세요!

- The rain is **letting up** a little.
- She **pulls up** in front of a coffee shop.

up의 관용적 표현

1 make **up** one's mind 결심하다
I finally **made up my mind** to find her again.
나는 마침내 그녀를 다시 찾기로 했다.

2 bundle **up** 두껍게 껴입다 → 옷을 여러 개 묶음으로 입다
It's pretty cold today, so you need to **bundle up**.
오늘은 꽤 추우니, 옷을 껴입어야 한다.

3 butter **up** 아첨하다 → 상대가 좋아할 버터 같은 말을 하다
Don't try to **butter** me **up**.
나한테 알랑거리지 마.

4 strike **up** 시작하다 → 침묵을 깨고 시작하다
She **stroke up** a friendly conversation with the customer.
그녀는 고객들과 친근한 대화를 시작했다.

5 cheer **up** 격려하다
A prize will surely **cheer** you **up**.
상은 틀림없이 너를 기운 나게 할 것이다.

6 be booked **up** 완전히 매진되다
The theater **is booked up** tonight.
극장이 오늘 밤에는 매진이다.

7 fix **up** 수리하다; 날짜 등을 정하다
My father plans to **fix up** our house.
나의 아버지는 우리 집을 수리할 계획이다.

8 give **up** 포기하다 → 다 넘겨줘서 끝내다
Don't **give up** your hope on any account.
어떠한 이유로도 희망을 포기하지 마라.

9 come **up** with 제안하다
He **came up with** a great idea.
그가 대단히 좋은 생각을 내놓았다.

10 break **up** 헤어지다; 완전히 부서지다 → 완전히 깨지다
She **broke up** with her boyfriend.
그녀는 남자 친구와 헤어졌다.

스토리로 up 확실히 정복하기

런던 여행 중

달오리는 런던을 여행 중입니다. 회사로 인해 지친 자신을 격려하는❶ 방법은 조금의 여유를 갖는 것이죠. 여행 첫날, 일찍 일어난❷ 달오리는 근처에서 빌린 차를 타고 런던 외곽을 달립니다. 음악의 볼륨을 크게 하고❸ 휘파람을 불며 달립니다.

천진난만한 달오리는 그 유명한 템스 강 근처에 도착해 천막을 칩니다. 이 얼마나 낭만적인가? 잠시 후 가방을 뒤적이더니, 근처 상점에서 사 온 고기를 꺼내어 굽기 시작합니다. 냄새가 사방으로 퍼집니다. 주변에서 책을 읽던 관광객들이 이에 질려 하며❹ 자리를 뜨기 시작합니다. 달오리는 매우 즐겁게 구운 고기를 다 먹어버립니다.❺ 근처에 떨어진 쓰레기들은 모두 주워❻ 쓰레기 봉투에 담습니다.

눈치 제로

잠시 후, 달오리는 모든 것을 멈추고❼ 매우 밝은 표정으로 셀카를 찍어 SNS에 올립니다. 템스 강을 배경으로 한 사진에 '신사의 나라'와 '낭만 여행'이라는 해시태그가 붙습니다. 주변의 관광객들이 하나둘 이 광경을 찍어 SNS에 올리기 시작합니다. 해시태그로 온갖 욕이 함께 붙습니다.

#진상
#밉상

---

❶ cheer up ❷ get up early ❸ turn up the volume ❹ be fed up with ❺ eat up ❻ pick up ❼ hold / draw / bring up

PART 4
아래로 가자!

Unit 13. 바로 아래에 under
Unit 14. 보다 아래쪽에 below
Unit 15. 아래로 down

Unit 13
바로 아래에 under

동영상 강의 보기

He is under surgery. 그가 의사야 환자야?

under라고 하면 over의 반대로 쓰이는 것 정도는 많이 아시죠?
그런데 under surgery라고 하면
외과 수술을 하는 의사 입장을 말하는 것인지,
아니면 수술을 받는 환자 입장을 말하는 것인지,
조금 혼란스러워하는 친구들도 있는 것 같습니다.
자, 그럼 under의 의미 세계로 들어가 보실까요?

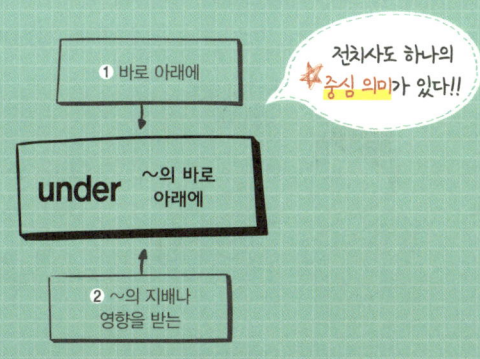

under 1 아래 '(바로) 아래에'

under A에서 under는 over '바로 위쪽에'와 상대적인 개념으로서 어떤 사물의 '바로 아래에' 있는 상황을 나타낼 수 있습니다. 또한, over와는 반대로 수량에 있어서 어떤 기준점 '아래인' 경우를 나타낼 수도 있답니다.

- **look under the table** 탁자 아래를 보다
  ↳ table의 바로 아래 쪽을 바라보다

- **under the bridge** 다리 아래에
  ↳ bridge의 바로 아래 쪽에

- **the women under 25** 25세 미만의 여성들
  ↳ 나이가 25세 아래인 여성들

말하기 훈련 우리말을 보고 영어로 말해 보세요!

태양 아래 (햇볕을 받으며) 뛰다	run under the sun
침대 밑에 숨다	hide under the bed
바로 코 아래에 / 앞에	under one's nose
백만 원 미만인	under 1 million won
미성년인	under age

문장 말하기 훈련 위에서 학습한 표현을 이용하여 그림을 보고 영어로 말해 보세요!

- He must be **hiding under the bed**.
- Did you **look under the table**?

under 2 영향, 감독, 지배 '~를 받는'

under A에서 A가 장소와 관계된 명사가 아니라 사람의 활동이나 추상적인 개념을 나타낼 경우에는 A의 영향이나 활동의 지배를 수동적으로 '받는' 상태를 나타냅니다. under의 첫 번째 의미인 '바로 아래'에서 아래에 위치한 입장을 떠올린다면 '지배받는' 이미지를 충분히 연상할 수 있죠. 요즘 말로 '갑과 을' 중에서 을의 처지를 나타내는 전치사랍니다.

- **be under attack** 공격을 받고 있다
   ↳ attack을 당하는 상황
- **under warranty** 보증 기간 중인
   ↳ 제품 등이 보증을 받는 상태인
- **be under surgery** 외과 수술을 받고 있다
   ↳ surgery를 하는 것이 아니라 받는 상황

여기서 잠깐! '그가 현재 수술을 하고 있다.'는 영어로 어떻게 말할까요?
He is in surgery.

말하기 훈련 우리말을 보고 영어로 말해 보세요!

체포되어, 구금 중인	under arrest
통제되는	under control
~의 혐의를 받고 있는	under the suspicion of
공사 중인	under construction
조사받는 중인	under investigation

문장 말하기 훈련 위에서 학습한 표현을 이용하여 그림을 보고 영어로 말해 보세요!

- The troops **are under attack** from all sides.
- The wounded soldier **is under surgery**.

under의 관용적 표현

❶ under no circumstances 어떤 상황에서도
Under no circumstances can you sleep out.
너는 어떤 상황에서도 외박하면 안 된다.

❷ under way 계획대로 진행 중인
Voting is now **under way**.
투표가 지금 진행 중이다.

❸ under pressure 압력을 받는
The president of the country is **under pressure** to resign.
그 나라의 대통령은 사임하라는 압력을 받고 있다.

❹ under the weather 아픈, 기분이 좋지 않은 → 날씨가 나쁘면 영향을 받는 배를 타는 사람의 처지에서 유래
I'm **under the weather** today.
나는 오늘 몸이 별로 안 좋다.

❺ under the rose 은밀히, 몰래 → 장미를 걸고 비밀 맹세를 하며
He told me about it **under the rose**.
그는 그것에 관하여 나에게 몰래 알려 주었다.

❻ under the table 비밀리에; 곤드레만드레 취한 → 보이지 않게 테이블 아래로
The business dealing was **under the table**.
그 사업 거래는 비밀스러웠다.

❼ under a cloud 의심을 받는 → 구름 아래 있어 어두운 것처럼 의혹을 받는
The government official is **under a cloud**.
그 정부 관리는 의심을 받고 있다.

❽ under the knife 수술을 받으며 → 의사의 수술용 칼 아래 놓인
The patient is **under the knife**.
그 환자는 수술을 받고 있다.

❾ under one's breath 숨죽이고, 낮은 목소리로 → 숨을 아래로 억누르고
The girl talked to me **under her breath**.
소녀는 나지막이 나에게 말을 했다.

❿ come under fire 공격을 받다 → fire '포화'에 당하고 있는 상황
The city **came under fire** from all sides.
그 도시는 사방에서 공격을 받았다.

스토리로 under 확실히 정복하기

추억팔이

달오리는 오늘 오랜만에 친구들을 만납니다. 미성년자❶였을 때 같은 학교에 다녔던 동창들이죠. 오늘 몸이 조금 아프지만❷ 친구들을 만날 생각에 들떴습니다. 원래는 달오리의 집에서 모이려고 했으나, 집이 공사 중❸이어서 야외에서 만나기로 했습니다. 이 동네에는 큰 개천이 있습니다. 흘러가는 개천을 바라보면서 다 같이 추억에 잠깁니다. 그때는 이것저것 모든 게 통제되는❹ 학창 시절이었죠. 이렇게 성인이 되어서 만나니 참 감회가 새롭군요.

더 시켜 더 시켜!

기쁜 마음으로 동네 개천을 따라 햇볕을 받으며 뛰다가❺ 다리 아래에❻ 있는 한 식당에 들어갑니다. 기분이 좋아 이것저것 많이 주문합니다. 몇 시간이나 지났을까요? 이제는 슬슬 집으로 돌아갈 때가 되었군요. 오랜만에 만난 친구들을 위해 달오리가 크게 한턱 내겠다고 호언장담을 합니다.

뒤늦은 후회

잠시 후, 계산서를 받아 든 달오리는 숨죽이고 낮은 목소리로❼ 조심스럽게 말합니다. "우리 선진 시민답게 각자 내는 것으로 하자." 오늘의 모임은 계산서 확인 직전까지가 참 좋았습니다. 돈 앞에 장사 없습니다.

❶ under age ❷ under the weather ❸ under construction ❹ under control ❺ run under the sun ❻ under the bridge ❼ under his breath

Unit 14
보다 아래쪽에 below

동영상 강의 보기

below the bridge와 under the bridge는 어떤 차이일까?

below가 under보다 좀 더 아래쪽의 뉘앙스라는 것은
많은 분이 알고 계시는 것 같습니다.
하지만 below the bridge와 under the bridge의 차이를 물으면
당황해하는 사람들이 많은데요.
below의 의미를 정확히 알아야만 구분할 수 있겠지요?
자, 그럼 below에 대해서 자세히 알아볼까요?

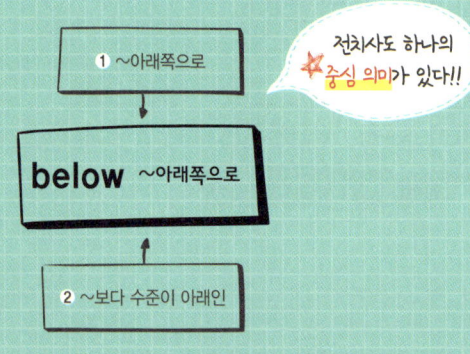

전치사도 하나의 ★중심 의미가 있다!!

① ~아래쪽으로

below ~아래쪽으로

② ~보다 수준이 아래인

below 1 보다 아래쪽 '~아래쪽으로'

below A에서 below는 above '보다 위쪽'의 반대 의미를 전달한다고 할 수 있는데요. under '바로 아래쪽'에 비해 더 아래쪽을 가리킨다고 생각하면 됩니다. 수치를 나타내는 표현과 같이 쓰여서 그 아래 수량을 나타내는 기능도 가능하지요.

- **sink below the horizon** 지평선 아래로 가라앉다
  ↘ 태양이나 달이 horizon 아래쪽으로 가라앉다
- **fall below zero** 영하로 떨어지다
  ↘ 기온 등이 0도의 아래쪽으로 떨어지다
- **children of eight and below** 8세 이하의 어린이들
  ↘ 나이가 8세와 그 아래인 어린이들

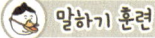 우리말을 보고 영어로 말해 보세요!

바다의 수면 아래쪽에	below the surface of a sea
10층 아래쪽에	below the tenth floor
다리의 하류에	below the bridge
제한 속도 이하로	below the speed limit
섭씨 20도 아래인	below 20 degrees Celsius

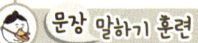 위에서 학습한 표현을 이용하여 그림을 보고 영어로 말해 보세요!

- The sun is **sinking below the horizon**.
- The temperature has **fallen below zero**.

below 2 보다 아래 수준 '~보다 못한'

below A는 A라는 기준점에 미달하고 있음을 나타냅니다. 또한, A가 추상 명사나 비유적인 뜻을 갖는 경우에는 그 수준이 낮아서 어떤 행동을 할 가치가 없다는 의미로 쓰일 수도 있습니다.

- **below** the basic level 기초 수준 아래인
  ↳ basic level에도 못 미치는

- **below** contempt 경멸할 가치도 없는
  ↳ 경멸할 가치에도 못 미치는

- be **below** me 나보다 지위가 낮은
  ↳ 그의 지위가 나에 비해서 더 아래 쪽인 상황

여기서 잠깐! '그는 나의 감독을 받고 있다.'는 영어로 어떻게 말할까요? 정답은, **He is under me.** under는 '바로 아래'를 암시하므로 '지배'와 '감독'을 받는 상황

말하기 훈련 우리말을 보고 영어로 말해 보세요!

표준 미달인	below average
액면 이하인	below par
물가상승률을 밑도는	below inflation
비평할 가치도 없는	be below criticism
예산 한도 내에서	below budget

문장 말하기 훈련 위에서 학습한 표현을 이용하여 그림을 보고 영어로 말해 보세요!

- Her English seemed to be **below the basic level**.
- The politician's speech **is below criticism**.

below의 관용적 표현

1 hit **below** the belt 비겁한 짓을 하다 → 허리띠 아래의 급소를 치는 행동을 말함
He is above **hitting below the belt**.
그는 비열한 짓을 할 사람이 결코 아니다.

2 as **below** 아래와 같이
What happened yesterday is **as below**.
어제 생겼던 일은 다음과 같습니다.

3 rank **below** 등급이 아래로 평가되다
He **ranks** a little **below** the middle of his class.
그의 석차는 그의 반에서 중간보다 약간 아래이다.

4 far **below** 훨씬 아래에
The figure is **far below** his goal.
그 수치는 그의 목표에 한참 못 미친다.

5 talk **below** one's breath 작은 목소리로 말하다 → 숨을 억누르고 작게 말하다
I was warned to **talk below my breath**.
나는 낮은 목소리로 말하라고 경고를 받았다.

6 **below** the market value 시가보다 낮은
His building was sold **below the market value**.
그의 건물은 시가보다 낮게 팔렸다.

7 **below** the poverty line 빈곤선 아래인
Many people still live **below the poverty line**.
많은 사람은 빈곤선 아래에서 살고 있다.

8 **below** sea level 해수면 아래인
The area is **below sea level**.
그 지역은 해수면 아래에 있다.

스토리로 below 확실히 정복하기

달오리는 오늘 기온이 **영하로 떨어질**[1] 줄은 몰랐습니다. 어느덧 해가 **지평선 아래로 가라앉고**[2] 있습니다. 길이 이렇게 얼어버릴 줄 몰랐던 달오리는 몇 시간째 **제한 속도 이하로**[3] 달리고 있습니다. 달오리의 시간 감각은 **표준 미달**[4]입니다. 한 시간만 일찍 나왔으면 될 것을…

우여곡절 끝에 달오리는 회의장에 도착합니다. **10층 아래에**[5] 일반 승용차 주차 공간이 있습니다. 달오리는 급하게 주차를 하고 회의실로 뛰기 시작합니다. 한참을 뛰던 달오리는 자신의 손이 너무 자유롭다는 사실을 깨닫습니다. 그렇군요… 서류 가방을 놓고 내렸습니다. 시간 감각뿐만 아니라 기억력도 **표준 미달**[6]입니다.

뛰어온 만큼 한참을 다시 뛰어 돌아가서 주차했던 곳에 도착한 달오리가 그 자리에 주저앉습니다. 차는 없고 노란 종이에 **아래와 같이**[7] 쓰인 공지문이 하나 붙어있군요.

"방문 차량 스티커가 없는 관계로 견인되었습니다."

---

❶ fall below zero ❷ sink below the horizon ❸ below the speed limit ❹ below average
❺ below the tenth floor ❻ below average ❼ as below

Unit 15
아래로 down

동영상 강의 보기

Don't let me down. 날 내려놓지 말라고?

down하면 '아래로'인 것쯤은 대부분 알고 있지요?
그렇다면 Let me down. 은
차량이나 탈 것 등에서 내려준다는 의미일까요?
그래서 Don't let me down. 은
'나를 차에서 내려놓지 마세요.'란 뜻으로
차를 계속 태워달라는 의미일까요?

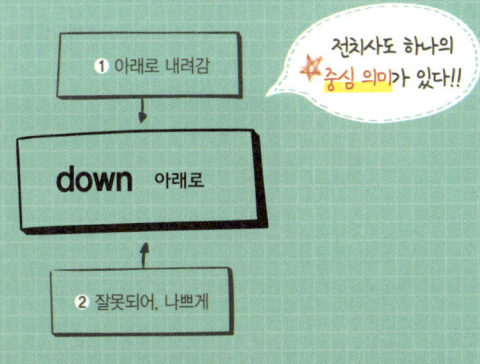

down 1 내려감 '아래로'

down A에서 down은 '아래로' 움직이는 모습을 나타냅니다. 이 경우는 up의 첫 번째 의미인 '위로'와 정확히 반대되는 개념으로 생각하면 되지요. 비유적으로 쓰일 때는 어떤 것의 수량이 감소하여 줄어드는 것을 나타냅니다.

- **sit down** 앉다
  ↘ 위에서 아래쪽으로 움직이며 앉다
- **walk down the stairs** 계단을 걸어 내려가다
  ↘ 계단 위에서 아래로 걸어 내려가다
- **fall down the stairs** 계단에서 넘어지다
  ↘ 계단에서 아래쪽으로 넘어지다

말하기 훈련 — 우리말을 보고 영어로 말해 보세요!

눕다	lie down
내려놓다; 적다; 진압하다	put down
줄이다	cut down
줄다, 건전지 등이 다 되다	run down
물려주다	hand down

문장 말하기 훈련 — 위에서 학습한 표현을 이용하여 그림을 보고 영어로 말해 보세요!

- She **walks down the stairs** and shouts at him.
- She slips and **falls down the stairs**.

down ② 쇠퇴 '잘못되어, 나쁘게'

down이 갖는 '아래로'라는 의미가 추상적인 용법으로 사용되는 경우에 감정 상태 등이 가라앉거나 약화하는 것을 가리킵니다. 또한, '잘못되어, 나쁘게' 등의 부정적인 뉘앙스를 나타내는 경우가 아주 많답니다. 왜냐하면 '위'는 무엇인가 좋은 상황이고, '아래'는 나쁜 상황이라는 것이 아주 보편적인 사고의 틀이기 때문이지요.

- **break down** 고장나다, 파괴하다; 분석하다
  ↳ 어떤 사물이 잘못되는 상황, 분석은 잘게 부수어지는 상황을 긍정적으로 이해할 경우임

- **turn down** 거절하다; 줄이다
  ↳ 상대의 제안 등을 동의의 표시로 손을 치켜 올리지 않고 아래로 퇴짜 놓는 경우

- **let down** 실망시키다
  ↳ 상대의 마음을 아래로 다운시키는 상황

 말하기 훈련 우리말을 보고 영어로 말해 보세요!

꾸짖다	call down
억제하다, 진압하다	hold down
얕보다, 중요성 등을 줄이다	play down
경멸하다	look down on
진정되다, 진정시키다	calm down

문장 말하기 훈련 위에서 학습한 표현을 이용하여 그림을 보고 영어로 말해 보세요!

- He **turns down** my proposal immediately.
- He always **lets** me **down**.

down의 관용적 표현

1 narrow down 범위를 좁히다
You must **narrow** the choices **down** to 2.
너는 선택지를 2개로 줄여야 한다.

2 boil down 요약하다 → 끓여 양을 줄이듯 요약하다
You must **boil down** the report to 300 words.
너는 보고서를 300자로 요약해야 한다.

3 shut down 닫다, 폐업하다
The website was **shut down** by the government.
그 웹사이트는 정부에 의해 폐쇄되었다.

4 crack down 단속하다, 엄하게 다스리다
The police **cracked down** on drunk drivers constantly.
경찰은 음주 운전자들을 상시로 단속했다.

5 knock down 넘어뜨리다, 차로 치다
The boxer **knocked down** his opponent.
그 권투 선수는 상대방을 쳐서 다운시켰다.

6 pull / tear down 파괴하다, 허물다
The Berlin Wall was **pulled down** in 1990.
베를린 장벽은 1990년에 허물어졌다.

7 get down to 착수하다, 시작하다 → 일을 시작하려 앉다
Let's **get down to** business.
자, 본론으로 들어갑시다.

8 stand down 물러나다, 사퇴하다
The candidate refused to **stand down**.
그 후보는 물러나기를 거절했다.

9 come down with (병에) 걸리다
My uncle **came down with** stomach cancer.
내 삼촌은 위암에 걸리셨다.

10 mark down 인하하다 → 가격을 더 낮게 표시하다
The company **marked down** the price of the product.
그 회사는 그 제품의 가격을 인하했다.

스토리로 down 확실히 정복하기

헤롱 헤롱~

달오리는 요즘 식습관이 걱정입니다. 단 것에 대한 자신의 욕구를 **억제할**❶ 수 없음에 자꾸만 자기 자신에게 **실망합니다.**❷ 이제부터 당을 피하기로 굳게 결심한 달오리는 자신을 **꾸짖고**❸ 계단을 **걸어 내려갑니다.**❹ 그렇게 며칠이 지났습니다. 달오리는 자꾸만 **계단에서 넘어집니다.**❺ 오늘은 심지어 길바닥에 **누웠습니다.**❻ 그렇습니다. 이게 바로 금단 현상입니다.

달오리는 전략을 바꿔 조금씩 당을 **줄이기로**❼ 결심하고 자신을 **진정시킵니다.**❽ 그동안 당이 들어간 음식을 모두 **경멸한**❾ 것은 실수입니다. 달오리는 조용히 주방으로 걸어가서 냉장고에서 도넛, 쿠키, 약과 등을 테이블 위에 **내려놓고**❿ 가만히 쳐다봅니다.

달오리는 양을 조절하는 연습을 하기로 합니다. "좋아, 언제든 마음만 먹으면 욕구야 쉽게 **거절할 수**⓫ 있어." 라고 말한 후 한 입씩 먹기 시작합니다. 적정량을 계산해 봐야 합니다. 몇 시간이나 지났을까요? 달오리는 냉장고를 털어 모든 음식을 한 입씩 먹고 있네요. "적정량... 적정량..." 대략 1만 칼로리는 먹은 것 같습니다. 인간의 의지가 얼마나 쉽게 무너지는지를 **얕본**⓬ 것 같습니다. 이렇게 냉장고 울킬...

적정량 계산 중

❶ hold down ❷ let down ❸ call down ❹ walk down the stairs ❺ fall down the stairs
❻ lie down ❼ cut down ❽ calm down ❾ look down on ❿ put down ⓫ turn down ⓬ play down

of, with, about, around, by

PART 5
내 곁에 있어줘!

Unit 16. 소유하는 of
Unit 17. 함께하는 with
Unit 18. 주변에 about
Unit 19. 둘레에 around
Unit 20. 옆에 by

Unit 16
소유하는 of

동영상 강의 보기

I know of him. 내가 그의 안다?

of하면 다들 '~의' 정도의 뜻은 알고 있는 것 같네요.
문제는 바로 I know of him. 이
어떻게 '나는 그에 대하여 알고 있다.'를 의미하는 지입니다.
of는 쉬운듯하지만, 생각보다 어려운 전치사인데요.
왜 이런 의미 변화가 생기는지, of의 의미 세계로 한번 들어가 볼까요?

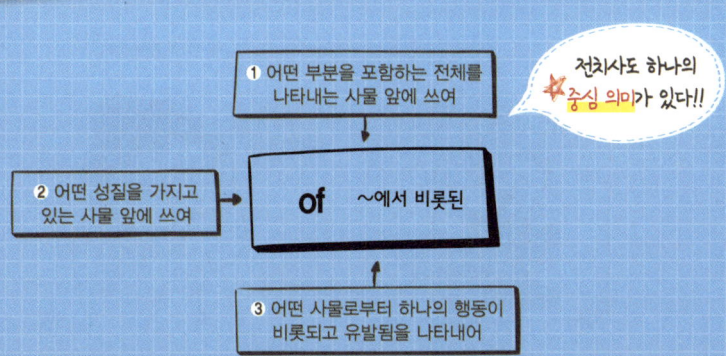

① 어떤 부분을 포함하는 전체를 나타내는 사물 앞에 쓰여

② 어떤 성질을 가지고 있는 사물 앞에 쓰여

of ~에서 비롯된

③ 어떤 사물로부터 하나의 행동이 비롯되고 유발됨을 나타내어

전치사도 하나의 **중심 의미**가 있다!!

of 1 소속, 부분 '~의'

B of A의 형태는 B가 A에 소속된 것을 나타내거나, B가 A의 일부분임을 나타내는 경우입니다. B가 A에서 '비롯된' 점에서 B가 A의 '소속'이나 '부분'을 나타내는 것은 쉽게 이해가 되는 것이죠.

- **the middle of the stage** 무대의 중앙에
  ↳ stage의 한 가운데를 가리킴
- **the capital of Korea** 한국의 수도
  ↳ Korea에 소속된 수도를 말함
- **the leg of the chair** 의자의 다리
  ↳ chair의 부분인 다리
- **the top of the mountain** 그 산의 정상
  ↳ mountain의 부분인 정상을 나타냄

말하기 훈련 우리말을 보고 영어로 말해 보세요!

피카소의 작품들	the works of Picasso
그 나라의 국민	the people of the country
표 대부분	most of the tickets
우리들 중 아무도	none of us
학기의 시작	the beginning of a semester

문장 말하기 훈련 위에서 학습한 표현을 이용하여 그림을 보고 영어로 말해 보세요!

• He gives a concert in **the capital of** the country.   • She is charmed by the lyrics of the song.

of 2 성질, 상태 '~의'

B of A에서 B는 A와 관련된 성질을 나타내거나 A의 움직임이나 상태를 묘사합니다. a number of '많은 수의'의 경우처럼 단위나 수량을 나타내는 표현도 of의 이런 의미에서 비롯된 것이죠.

- **the cause of the failure** 그 실패의 원인
  ↘ failure와 관련된 성질인 원인을 말함
- **the movement of the moon** 달의 움직임
  ↘ moon이 움직이고 있는 상태를 표현
- **two slices of cake** 케이크 두 조각
  ↘ cake가 두 조각으로 된 상태임

말하기 훈련 — 우리말을 보고 영어로 말해 보세요!

다수의 학생들	a number of students
많은 양의 돈	a great amount of money
물 한 컵	a glass of water
아이스크림의 색깔	the colors of the cake
그 실험의 결과	the result of the experiment

문장 말하기 훈련 — 위에서 학습한 표현을 이용하여 그림을 보고 영어로 말해 보세요!

- They buy **two slices of cake**.
- **The colors of the cake** are various.

PART 5 | Unit 16. 소유하는 of 105

of 3 대상 '~의, ~에 대한 / 대하여'

B of A에서 B가 추상 명사나 감정의 형용사인 경우는 A가 B라는 행위나 감정의 대상이 되는 경우입니다. 예를 들어, the fear of darkness에서 'darkness에 대한 공포'라는 말은 다른 관점에서 보면, 'darkness에서 비롯한 또는 생겨난 공포'라는 의미이므로 of의 중심 의미와 연관되어 있음을 알 수 있습니다. 우리말의 '~의'가 '소유'의 의미와 '대상'의 의미를 모두 가지고 있는 것을 떠올려 본다면 쉽게 이해할 수 있겠죠.

- **her fear of darkness** 어둠에 대한 그녀의 공포
  ↳ darkness에 대한 그녀의 공포를 나타냄

- **the manufacture of ship** 선박 제조
  ↳ ship을 제조함을 나타냄

- **be afraid of dogs** 개를 두려워하다
  ↳ dogs에 대하여 두려움을 가지고 있다는 것을 나타냄

말하기 훈련 우리말을 보고 영어로 말해 보세요!

감정 통제	control of emotions
~을 알다	be aware of
~을 자랑스러워하다	be proud of
~을 좋아하다	be fond of
~을 놀리다	make fun of

문장 말하기 훈련 위에서 학습한 표현을 이용하여 그림을 보고 영어로 말해 보세요!

• He **is afraid of** dogs.   • She can't go out due to her **fear of darkness**.

of의 관용적 표현

❶ the apple of one's eye 아주 소중한 것 / 사람
You are **the apple of my eye.**
너는 내게 가장 소중한 사람이다.

❷ a piece of cake 누워서 떡 먹기
It is **a piece of cake** for me.
그것은 나한테는 식은 죽 먹기야.

❸ make sense of 이해하다
I couldn't **make sense of** what he said.
나는 그의 말을 이해할 수가 없었다.

❹ regardless of ~에 상관없이
Regardless of the outcome, you must do your best.
결과와는 상관없이, 너는 최선을 다해야 한다.

❺ run short of ~이 부족해지다 / 떨어지다
We will soon **run short of** money.
우리는 돈이 곧 바닥이 날 것이다.

❻ get rid of ~을 없애다
Music helps to **get rid of** my stress.
음악은 내 스트레스를 없애는 데 도움을 준다.

❼ let go of ~을 놓아 주다
You must **let go of** the past.
과거는 잊어버려라.

❽ consist of ~로 이루어지다
Water **consists of** oxygen and hydrogen.
물은 산소와 수소로 이루어져 있다.

❾ be made of ~로 만들어져 있다
The temple **is made of** wood.
그 건물은 목재로 만들어져 있다.

❿ be free of ~이 없다
I'm **free of** debt.
나는 빚이 없다.

스토리로 of 확실히 정복하기

오늘은 달오리에게 역사적인 날입니다. 달오리는 친구들과 **학기 시작**❶에 내기를 했습니다. **우리 중 아무도**❷ 올해 여자 친구를 만들 수 없을 것이라고요. 특이한 내기죠. 그러나 모태 솔로 클럽이 이제 달오리에 의해 깨지게 생겼습니다. 어떤 여학생이 오늘 달오리에게 고백을 했습니다. 늘 **달오리를 놀리던**❸ 친구들은 머쓱하겠군요.

그래요, 오늘 달오리는 아침부터 첫 데이트 코스로 어디가 좋을까 고민하다가… 아! 그래! 그녀와 등산을 가기로 했습니다. 약속한 시각이 되어 산에 도착했습니다. **그 산의 정상**❹에 오르면 달오리도 그녀에게 마음이 있음을 밝힐 것입니다. 아! 등산 중 당이 떨어질까 봐 **케이크 두 조각**❺도 챙겨왔습니다. 긴장을 풀기 위해서 **물 한 컵**❻을 마셔봅니다.

어느새 약속 시각이 조금 지났네요. 첫 데이트로 등산을 갈 생각에 그녀도 설레는지 조금 늦는군요.

같은 시간, 달오리가 속한 모태 솔로 클럽 단체 SNS 방은 분주합니다. 과연 달오리는 제정신인가에 대한 토론이 진행 중이죠. 와~ 첫 데이트로 등산이라… 지금이 90년대입니까? 이런 감성을 **이해하기에**❼ 그녀는 너무 어립니다. 달오리는 과연 알까요? 그녀는 오지 않으리라는 것을…

❶ the beginning of a semester ❷ none of us ❸ make fun of ❹ the top of the mountain ❺ two slices of cake ❻ a glass of water ❼ make sense of

Unit 17
함께하는 with

get angry with him, 그와 함께 화가 나다?

with가 '함께'를 의미한다는 것은 누구나 아는 사실이죠.
그렇다면 get angry with는 정말 이상한 표현이 되는 것 아닌가요?
get angry '화가 나다'와 with '~과 함께'가 결합한 것이니,
화를 누군가와 함께 낸다?
전치사 with를 제대로 모르니 이상한 소리만 늘어놓게 되네요.
자, 오묘한 with의 세계로 들어가 보실까요?

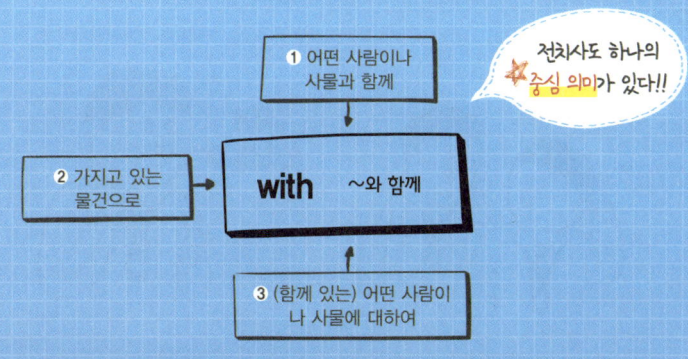

with 1 동반 '~와 함께'

with A에서 A가 사람이나 동물일 경우에는 with가 '~와 함께'를 뜻합니다. 어떠한 상황에 같이 '동반'되는 의미를 전달하는 것이죠. 만약 with A에서 A가 사물이나 추상 명사일 경우에는 '일치, 조화'의 의미로도 해석될 수 있답니다. 어떤 상황에 함께 한다는 것은 상반되지 않고 '일치'함을 나타낼 수 있기 때문이죠.

- **live with** one's parents 부모님과 함께 살다
  ↳ parents와 살아가는 과정에 함께 동반함

- **agree with** ~과 동의하다; ~과 부합하다
  ↳ 어떤 사람과 의견을 함께 하거나
  어떤 것과 모순되지 않고 부합되는 상황

- **comply with** a rule 규칙에 순응하다
  ↳ rule에 어긋나지 않고 일치하게 행동하다

말하기 훈련 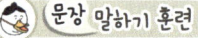 우리말을 보고 영어로 말해 보세요!

~와 사이좋게 지내다	get along with
~를 편들다	side with
~와 협상하다	bargain with
~와 협의하다	confer with
~와 협력하다	team up with

문장 말하기 훈련 위에서 학습한 표현을 이용하여 그림을 보고 영어로 말해 보세요!

- He wants to **get along with** his colleagues.
- You have to **comply with** the rules.

with 2 도구 '~로, ~를 가지고'

with A에서 A가 구체적인 사물일 경우에는 어떤 행동에 사용되는 '도구'를 나타낼 수 있습니다. 비유적으로 쓰인 경우에는 어떤 행동에 동반되는 '상황'이나 '감정'을 나타내는 것도 가능하지요. 그래서 with 다음에 감정을 나타내는 추상명사가 오면 부사처럼 해석하시면 된답니다.

- **cut with a knife** 칼로 자르다
  ↳ knife를 도구로 하여 자르다

- **fill the glass with water** 잔을 물로 채우다
  ↳ water를 이용하여 잔을 채우다

- **welcome with smile** 미소로 환영하다
  ↳ 환영을 하는데 smile이 함께 하는 상황

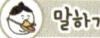 말하기 훈련 우리말을 보고 영어로 말해 보세요!

접착제로 붙이다	put together with glue
연필로 그림을 그리다	draw with a pencil
감기에 걸리다	come down with a cold
그녀의 눈을 크게 뜨고	with her eyes wide open
열정적으로 노래를 부르다	sing with enthusiasm

문장 말하기 훈련 위에서 학습한 표현을 이용하여 그림을 보고 영어로 말해 보세요!

- I **draw** a baby bear **with a pencil**.
- He has **come down with a cold**.

with 3 관계 '~에 대하여, ~과 관련하여'

with A에서 A가 어떤 감정이나 행동의 대상이 될 때는 '~에 대하여, ~과 관련하여'의 의미를 나타낼 수 있습니다. with는 기본적으로 '동반'의 의미를 갖기 때문에 with A는 A가 어떤 상황에 함께 존재하는 것을 전제로 합니다. 만약 with A에서 어떤 감정이나 행동이 발생한 경우에는 당연히 그 대상이 A가 되는 것이죠. 그러므로 감정이나 행동의 대상을 표현하는 '~에 대하여'라는 의미가 되는 것입니다.

- **get angry with the boy** 그 소년에 대해 화를 내다
  ↳ 그 boy와 함께 있을 때 화가 나다

- **help her with the assignment** 그녀를 과제에 대해 돕다
  ↳ assignment와 함께 씨름하는 그녀를 돕다

- **find fault with him** 그에 대해 흠 잡다
  ↳ him과 함께 있을 때 흠을 찾다

 말하기 훈련 우리말을 보고 영어로 말해 보세요!

과학에 대하여 잘 알다	be familiar with science
~와 관계가 있다, 관심을 갖다	be concerned with
~를 참다	put up with
~에 대해 처벌받지 않다	get away with
~에게 문제가 있다	be wrong with

문장 말하기 훈련 위에서 학습한 표현을 이용하여 그림을 보고 영어로 말해 보세요!

- She **got angry with** her husband.
- I ate it up. What's **wrong with** you?

with의 관용적 표현

❶ keep in contact with 계속 연락하며 지내다 → 접촉하여 연락을 유지하다
Do you **keep in contact with** her?
너 그녀와 연락하고 지내니?

❷ have words with ~와 언쟁하다
He often **has words with** his wife.
그는 그의 아내와 종종 말다툼한다.

❸ make friends with ~와 친해지다
It's important to **make friends with** your neighbors.
이웃들과 친하게 지내는 것이 중요하다.

❹ fall in with ~와 우연히 마주치다; ~와 의견이 맞다 → 같은 생각 안에 함께 있다
He expects me to **fall in with** his view.
그는 내가 그의 견해에 동의하기를 기대한다.

❺ catch up with 따라잡다
I'll **catch up with** you in a few minutes.
곧 뒤따라 갈게.

❻ dispense with ~없이 지내다
Let's **dispense with** such formalities.
그런 형식은 생략합시다.

❼ interfere with ~를 방해하다
Don't **interfere with** my studies.
내가 공부하는 데 방해 좀 하지 마.

❽ fall out with 다투다, 싸우다 → 서로에게서 떨어져 나가다
I don't want to **fall out with** you.
나는 당신과 다투고 싶지 않아요.

❾ have nothing to do with ~와 관련이 없다
I **have nothing to do with** the matter.
나는 그 문제와 관계가 없다.

❿ replace A with B A를 B로 대체하다
I have to **replace** a worn tire **with** a new one.
나는 헌 타이어를 새 타이어로 교체해야 한다.

스토리로 with 확실히 정복하기

달오리는 **부모님과 함께 산지**❶ 꽤 오래되었습니다. 집안 **규칙에 순응하는**❷ 것이 부담스럽지만, 그래도 **감기에 걸렸을**❸ 때 혼자 아프고 서러웠던 기억을 떠올리면 부모님과 **사이좋게 지내려고**❹ 노력하는 것이 더 낫죠.

자취를 끝내고 부모님 댁에 들어간 이후로 달오리는 부모님의 비위를 맞추려 노력합니다. 부모님의 잔소리를 **참습니다.**❺ 자취할 때의 불규칙한 생활 방식이 아직도 몸에 밴 달오리에게 부모님께서는 "너는 무엇이 **문제인데?**"❻라고 꾸중을 자주 하시죠. 사실 그렇게 잔소리를 듣다 보면 부모님과 **말다툼할**❼

법도 한데, 달오리는 전혀 그렇지 않습니다. 자신의 자취 생활과 부모님과 사는 삶의 질을 비교해 지금이 훨씬 낫습니다. 현재 자신의 삶에 만족해하려 노력하는 편이죠. 사실 쫓겨날까 두려운 마음이 큽니다.

뭐… 이런 생각을 하면서 약간 우울해진 달오리를 부모님께서 또 부르시네요! 달오리는 금세 표정을 180도 바꾸고 부모님의 호출을 **미소로 환영합니다.**❽ 와, 사람이 어떻게 저런 표정 변화를! 그렇습니다. 삶은 처세의 연속입니다. 오늘도 한마디 들으러 갑니다. 미소 유지가 생명입니다.

❶ live with one's parents ❷ comply with a rule ❸ come down with a cold ❹ get along with ❺ put up with ❻ be wrong with ❼ have words with ❽ welcome with smile

Unit 18
주변에 about

동영상 강의 보기

be about to start, 출발하는 것에 관하여 이다?

about의 뜻이 무엇이냐고 물으면 '~에 관하여'라고만
알고 있는 경우가 대부분이지요.
그렇다면 be about to start는 어떻게 해석해야 할까요?
'출발하는 것에 관하여'라는 식으로는
도저히 말이 안 되는 것 같은데 말이죠.
자, 그럼 about에 관하여 자세히 알아볼까요?

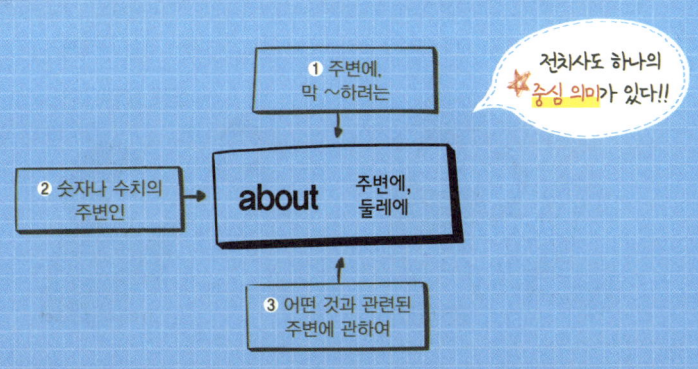

전치사도 하나의 **중심 의미**가 있다!!

- **about** 주변에, 둘레에
  1. 주변에, 막 ~하려는
  2. 숫자나 수치의 주변인
  3. 어떤 것과 관련된 주변에 관하여

 **about** **1 주위** '주변에, 둘레에'

about A에서 A가 장소를 나타내는 명사일 경우는 about이 '둘레'나 '주변'을 나타내는 용법으로 쓰일 수 있습니다. around와 비슷한 의미로 보면 됩니다.

- **come about** 발생하다
  ↘ 어떤 일이 주변에 가까이 오다
- **bring about** a war 전쟁을 발생시키다
  ↘ war를 주변에 가까이 가져오다
- **be about** to go back 막 돌아가려 하다
  ↘ 돌아가려는 근처에 있다

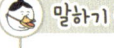 **말하기 훈련** 우리말을 보고 영어로 말해 보세요!

어슬렁거리다	hang about
일에 착수하다	set about a task
방황하다; 학대하다	knock about
여기저기 걸어 다니다	walk about
마음껏 뛰놀다	run about

 문장 말하기 훈련 위에서 학습한 표현을 이용하여 그림을 보고 영어로 말해 보세요!

- They **walk about** in the park.
- They **are about to go back** home.

about 2 근사치 '대략'

about A에서 A가 수량을 나타내는 단어일 경우에는 about이 '대략(approximately, roughly)'의 의미를 나타낼 수 있습니다. about의 중심 의미가 '주변, 둘레'를 나타내기 때문에, about 30이라고 한다면 숫자 30의 주변을 의미하므로 29나 31까지 해당하여 결국 '약 30'의 의미를 전달하는 것이죠. around 역시 '주변, 둘레'의 중심 의미에서 같은 원리로 '대략'의 의미를 갖게 되었습니다.

- **get up at about 7 o'clock** 약 7시에 일어나다
  ↳ 7시 주변인 6시 50분이나 7시 10분 정도에 일어나다

- **take about an hour** 대략 한 시간쯤 걸리다
  ↳ 1시간의 주변인 조금 넘게 걸리거나 조금 덜 걸리다

- **about the same** 거의 같은
  ↳ 정확히 똑같은 상황에 가까운

말하기 훈련 — 우리말을 보고 영어로 말해 보세요!

대략 200명쯤	about two hundred people
약 40세인	about 40 years old
그 도시의 서쪽 약 50km	about 50 kilometers west of the city
거의 반값인	about half the price
이때쯤	about this time

문장 말하기 훈련 — 위에서 학습한 표현을 이용하여 그림을 보고 영어로 말해 보세요!

- He **gets up at about 7 o'clock** in the morning.
- It **takes about an hour** to get to work by bus.

about 3 관련 '~에 관하여'

about A의 중심 의미는 앞에서 살핀 것처럼 'A의 주변에'입니다. 어떤 사물의 주변이라는 것은 그 사물 자체를 포함하여 그것과 연관된 '주변의' 다른 사항들을 포함한다는 의미가 되는 것이죠. 예를 들어, about him이라고 하면 '그 사람, 그의 가족, 그의 직업, 그의 성격' 등을 나타내는 것이고, 결국 '그에 관하여'의 의미로 귀결된다고 할 수 있는 거죠.

- **talk about** the problem 그 문제에 관하여 이야기하다
  ↘ 그 problem과 관련된 것들을 이야기하다

- **think about** one's wishes 자신의 소원에 관하여 생각하다
  ↘ 자신의 wishes와 관련된 사항을 생각하다

- **be anxious about** the future 미래에 관하여 염려하다
  ↘ future와 관련하여 마음이 걱정스럽다

말하기 훈련 우리말을 보고 영어로 말해 보세요!

음식에 관하여 까다롭다	be particular about food
~에 관하여 열광하다	be crazy about
~에 관하여 관심을 갖다	care about
~에 관하여 불평하다	complain about
~에 관하여 듣다	hear about

문장 말하기 훈련 위에서 학습한 표현을 이용하여 그림을 보고 영어로 말해 보세요!

지금 너희 무슨 말 했어?

음식이 형편없어!

• What are you **talking about** now?   • They are **complaining about** the lousy food.

about의 관용적 표현

1 be concerned **about** ~에 관하여 걱정하다
She **is** always **concerned about** her son.
그녀는 항상 자기 아들에 관하여 걱정하고 있다.

2 go **about** 착수하다; 돌아다니다
It's time to **go about** your business.
네 일을 해야 할 시간이다.

3 up and **about** (환자가) 나은; 활동하고 있는 → 병석에서 위로 일어나서 주변을 돌아다니는
He will be **up and about** again someday.
그는 언젠가 회복되어 다시 활동할 거야.

4 beat **about** the bush 빙 돌려 말하다 → 사냥감이 있는 덤불 숲의 주위만을 치다
I'm sick of you **beating about the bush**.
나는 네가 빙 돌려 말하는 것에 질린다.

5 run **about** 뛰놀다
The dog **ran about** smelling something.
그 개는 무엇인가를 냄새 맡으며 여기저기 뛰어다녔다.

6 **about** the same 거의 같은
The amount was **about the same** as one year ago.
그 양은 일 년 전과 거의 같았다.

7 be particular **about** ~에 대해 까다롭다
Don't **be particular about** food.
음식에 대해 까다롭게 굴지 마.

8 in the dark **about** ~에 관하여 모르는
I'm **in the dark about** his future plan.
나는 그의 미래 계획에 관하여 전혀 모른다.

9 turn an **about**-face 180도 태도를 바꾸다 → 얼굴을 돌려 방향을 트는 행동
The politician **turned an about-face** on the matter.
그 정치인은 그 문제에 대한 입장을 180도 바꾸었다.

10 How **about** ~ing? ~하면 어때? → How (would you like) about ~ing? 에서 유래
How about going to the movies tonight?
오늘 밤에 영화 보러 가면 어때?

스토리로 about 확실히 정복하기

달오리는 요즘 가차 없이 약 7시에 일어납니다.❶ 원래 점심때나 비비적거리며 일어났던 것에 비하면 개과천선한 것입니다.

달오리가 이렇게 된 것은 습관과 건강에 대한 정보를 듣고❷ 난 다음부터입니다. 달오리는 평소 자신의 건강 문제에 대해서 전문가와 이야기해❸ 보았습니다. 불규칙한 수면과 식습관은 건강을 악화시켰고, 이것이 달오리가 미래에 관하여 염려하는❹ 계기가 되었죠. 자신에게 관심을 갖게 되면서❺ 달오리는 나름 음식에 관하여 까다로운❻ 사람으로 변했고, 운동에 관하여 열광하게❼ 되었습니다.

달오리는 자신의 이런 변화가 즐겁습니다. 이제는 마음껏 뛰놀아도❽ 잘 지치지 않습니다. 달오리는 요즘 주변인들에게 20대로 보인다는 말을 듣고 다닙니다. 이 얼마나 기가 막힌 일입니까! 달오리는 원래 20대거든요… 예전에 젊었던게 돌아오려면 시간이 더 필요합니다. 회춘의 아이콘, 달오리!

❶ get up at about 7 o'clock ❷ hear about ❸ talk about ❹ be anxious about the future ❺ care about ❻ be particular about food ❼ be crazy about ❽ run about

Unit 19
둘레에 around

동영상 강의 보기

around 25 years old, 25세를 돌리면 설마 52세?

around가 원의 모양처럼 도는 이미지를
나타낸다는 것은 많이들 알고 계시죠?
그렇다면 around 25 years old는 어떤 의미가 되는 걸까요?
설마 25를 원처럼 한 바퀴를 돌리니 52가 될 거라고
생각하시는 것은 아니죠?
around의 재미있는 의미 속으로 들어가 볼까요?

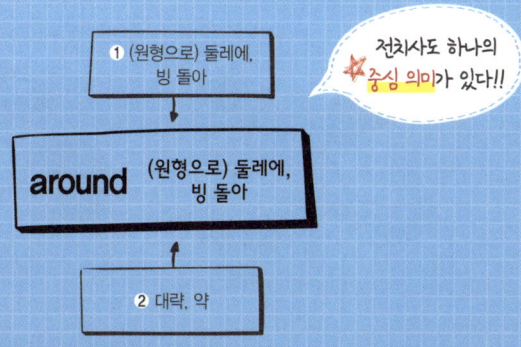

전치사도 하나의 ★중심 의미가 있다!!

around 1 둘레 '(원형으로) 둘레에, 빙 돌아'

around A에서 around는 기본적으로 '주위, 둘레'를 의미하며 about과 비슷한 의미를 전달하지요. 단, around는 about보다 마치 원(circle)의 둘레처럼 원형적인 이미지를 좀 더 강하게 함축한다고 할 수 있습니다. 또한, 원형으로 돈다는 이미지의 파생적인 의미로서 U턴 모양으로 '빙 돌아, 돌아오는'의 의미도 전달할 수 있습니다.

- **sit around** the fire 불 주위에 둘러 앉다
  ↳ fire를 빙 둘러서 주위에 앉다
- **around** the country 전국을 두루
  ↳ country의 모든 지역을 빙 두루
- **turn around** 몸이나 방향을 돌리다
  ↳ 몸이나 방향을 원을 그리듯이 돌아서다

말하기 훈련 우리말을 보고 영어로 말해 보세요!

주위를 둘러 보다	look around
여기저기 여행하다	travel around
배회하다, 어슬렁거리다	hang around
태양을 중심으로 돌다	revolve around the sun
전 세계에서	all around the world

문장 말하기 훈련 위에서 학습한 표현을 이용하여 그림을 보고 영어로 말해 보세요!

- She met **around** and walked away.
- She told him not to **hang around** them.

around 2 근사치 '대략, 약'

around 뒤에 숫자를 나타내는 단어가 나올 경우에는 about과 마찬가지로 '대략, 약'의 의미를 갖습니다. 어떤 숫자의 '주위, 둘레'는 조금 작거나 조금 많을 수도 있는 범위를 포함하는 것을 의미하므로 '대략'의 의미를 띠게 되는 것입니다.

- **around thirty years old** 약 30세쯤인
  ↳ 30세 혹은 그 주위인 29세 또는 31세 정도인

- **around the eighteenth century** 18세기경
  ↳ 18세기나 그 주변의 시간에

- **around midnight** 자정쯤
  ↳ 자정 혹은 그 주변인 자정 전이나 그 이후에

 우리말을 보고 영어로 말해 보세요!

크리스마스경에	around Christmas
1시쯤	around one o'clock
약 2백만 원	around two million won
대략 일주일에 한 번	around once a week
대략 같은 시각에	around the same time

 문장 말하기 훈련 위에서 학습한 표현을 이용하여 그림을 보고 영어로 말해 보세요!

• They met **around Christmas**. • He is a man of **around thirty years old**.

around의 관용적 표현

❶ around the corner 임박하여 → 이제 들어오려 모퉁이를 돌고 있는
The mid-exam is just **around the corner**.
중간고사가 코앞이다.

❷ come around 의식을 회복하다; 태도를 바꾸다 → 혼수 상태에서 의식이 돌아오다
She **came around** to my opinion.
그녀는 나의 의견 쪽으로 태도를 바꾸었다.

❸ get around 빙 돌아서 피하다; 돌아다니다
It's an easy way to **get around** the heavy traffic.
그것은 혼잡한 교통을 피하는 쉬운 방법이다.

❹ fool around 빈둥거리다
I don't have time to **fool around** with you.
너와 함께 노닥거릴 시간 없어.

❺ beat around the bush 빙 돌려 말하다 → 사냥감이 있는 덤불 숲의 주위만을 치다
He tends to **beat around the bush** about the subject.
그는 그 주제에 관하여 에둘러 말하는 경향이 있다.

❻ push ~ around ~를 괴롭히다
Why do you let him **push you around**?
넌 왜 그가 널 괴롭히도록 내버려 두는 거니?

❼ around the clock 24시간 내내 → 시계를 빙 돌아 24시간 내내
Our factory operates **around the clock**.
우리 공장은 24시간 가동됩니다.

❽ the other way around 거꾸로, 정반대로 → 빙 돌아선 다른 반대쪽인
The truth is **the other way around**.
진실은 그것과는 정반대이다.

❾ around this time of year 일 년 중 이맘때쯤
It rains frequently **around this time of year**.
일 년 중 이맘때면 비가 자주 온다.

❿ all the year around 일 년 내내 → 한 해 전체를 빙 둘러서 모두
The climate of the island is mild **all the year around**.
그 섬의 기후는 일 년 내내 온화하다.

스토리로 around 확실히 정복하기

어릴 적부터 **여기저기 여행하는게**❶ 꿈이었던 달오리는 대학 졸업 전에 **전국을 두루**❷ 돌아보겠다는 계획을 세웁니다. 이번 여행은 사실 모험입니다. 달오리에게 주어진 자금은 고작 **약 2백만 원**❸입니다. 적은 예산으로 여행을 준비하다 보니 제약이 많군요. **일 년 중 이맘때쯤**❹이면 찾아오는 장마도 달오리에게는 극복해야 할 장애물입니다. 전국을 모두 돌고 6개월 후에 돌아올 계획입니다. **크리스마스경**❺에 돌아오겠군요.

그렇게 준비한 여행이 시작되었습니다. 첫 1개월은 **대략 일주일에 한 번**❻씩이어야 할 정도로 엄청나게 힘들었습니다. 그러나 2개월째부터 적응하기 시작하여 3개월쯤 되었을 때는 처음 보는 사람들과 함께 **불 주위에 둘러 앉아**❼ 담소를 나눠도 어색하지 않을 정도로 익숙해졌죠.

원래 계획했던 여행지들을 모두 방문한 달오리는 어느덧 크리스마스가 **임박하였다는**❽ 사실을 깨닫습니다. 이제 집으로 돌아갈 일만 남았죠. 서울까지 가는 데 필요한 교통비와 식비를 찾으러 한참을 ATM을 **찾았던**❾ 달오리는 명세서를 받아 들고 눈을 끔뻑거립니다. 달오리는 처음 여행 경비를 계산할 때 돌아가는 비용까지 생각하지 못했습니다. 아주 또렷하게 명세서에 쓰여 있군요. 잔액 0원. 이 멋진 여행의 마지막 순간을 누가 예상했을까요?

---

❶ travel around ❷ around the country ❸ around two million won ❹ around this time of year ❺ around Christmas ❻ around once a week ❼ sit around the fire ❽ around the corner ❾ look around

Unit 20
옆에 by

동영상 강의 보기

수동태에는 왜 by가 쓰일까?

우리는 'be + 과거분사 + by 행위자' 형식의 수동태에
매우 익숙해져 있지만, 왜 하필 수많은 전치사 중에서
행위자 앞에 전치사 by를 쓰는지는 생각해 본 적이 없지요.
바로 이 질문에 답을 하는 것이
by에 대해서 알아가는 과정일 것입니다.
by의 오묘한 의미 세계로 들어가 봅시다.

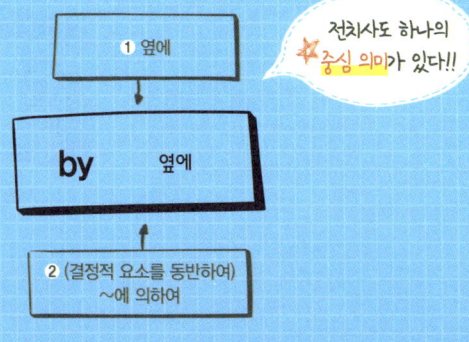

by

1 옆 '~옆에, ~가에'

by A에서 by는 '옆에'라는 장소의 의미를 갖습니다. by 단독으로 부사적으로 쓰일 수도 있으며, 다른 명사 앞에서 전치사로 쓰일 수도 있습니다. 또한, by는 공간적인 의미 외에도 시간적인 의미로 쓰일 수도 있는데, 시간적으로 '옆에'라는 것은 '가까운 장래에'라는 의미로 이해될 수 있죠.

- **stand by** 지지하다; 구경하다
  ↘ 옆에 서 있는 사람은 지지자이거나 다른 경우는 구경꾼임

- **lay by money** 돈을 저축하다
  ↘ money를 옆에 내려놓아서 쌓다

- **by and by** 머지 않아, 곧
  ↘ 시간적으로 가까이 옆에 그리고 또 그 옆에

말하기 훈련 우리말을 보고 영어로 말해 보세요!

옆에 지나가다	pass by
책을 손에 넣다	come by a book
지키다	abide by
잠시 들르다	stop / drop by
한강 변에	by the Han river

문장 말하기 훈련 위에서 학습한 표현을 이용하여 그림을 보고 영어로 말해 보세요!

- They are jogging **by the Han river**.
- This year has **passed by** so quickly.

by ② 행위자 '~에 의하여, ~로써'

어떤 동작이 이루어질 때 만약 옆에 누군가가 있다면 우리는 자연스럽게 그 사람이 행위자임을 유추해낼 수 있겠지요. 그래서 by는 '옆에' 외에도 행위자를 의미하기도 합니다. 따라서, 수동태 표현 방식인 'be + 과거분사 + by 행위자'의 구문이 완성되게 된 것이죠. by A에서 A가 무생물일 경우는 이러한 '행위자'의 의미가 자연스럽게 '수단'의 의미를 갖게 되는 것이고요. 이러한 '수단'은 어떤 동작의 과정이 일어나게 만드는 '결정적인' 요인이라고 할 수 있기에 '결정적인 기준'이나 '정도의 차이'를 의미할 수도 있는 것이죠.

- **a novel written by a teenager** 십대가 쓴 소설
  ↳ teenager가 소설을 쓴 행위자

- **work by electricity** 전기로 작동하다
  ↳ electricity가 기계의 작동을 유발하는 주요 행위자

- **by bus** 버스로
  ↳ bus가 주요하고 결정적 수단

말하기 훈련 — 우리말을 보고 영어로 말해 보세요!

바람에 움직이다	be moved by the wind
모네가 그린 그림	a painting by Monet
이메일로 보내다	send by e-mail
시간당 돈을 받다	be paid by the hour
나보다 5살이 많다	be older than I by 5 years

문장 말하기 훈련 — 위에서 학습한 표현을 이용하여 그림을 보고 영어로 말해 보세요!

- Would you **send** me your photos **by e-mail**?
- They usually go to school **by bus**.

by의 관용적 표현

1 by far 훨씬, 단연코
My friend is **by far** taller than I.
내 친구가 나보다 훨씬 키가 크다.

2 by and large 일반적으로
By and large, your plan is a good one.
대체로, 너의 계획은 훌륭하다.

3 by degrees 점차로, 조금씩
The temperatures will increase **by degrees**.
기온이 점점 상승할 것이다.

4 by nature 천성적으로
He is shy and honest **by nature**.
그는 천성적으로 수줍어하고 정직하다.

5 by the way 그런데
By the way, are you available tomorrow?
그런데, 너 내일 시간이 있니?

6 by way of ~를 거쳐, ~에 의하여, ~를 위하여
He went to North Korea **by way of** China.
그는 중국을 거쳐 북한에 갔다.

7 day by day 매일, 나날이
Day by day, his condition is improving.
나날이, 그의 건강이 좋아지고 있다.

8 by no means 결코 ~이 아닌
He is **by no means** an honest man.
그는 결코 정직한 사람이 아닙니다.

9 learn ~ by heart 암기하여 외우다
I must **learn** this poem **by heart** by tomorrow.
나는 내일까지 이 시를 암기해야 한다.

10 by oneself 혼자서
He lived **by himself** in a remote village.
그는 외딴 마을에 홀로 살고 있었다.

스토리로 by 확실히 정복하기

달오리는 그림을 그리러 한강 변에❶ 잠시 들릅니다.❷ 그늘 좋은 곳에 자리를 잡았습니다. 바로 옆에는 편의점이 있네요. 캔 커피도 하나 사서 마십니다. 이런 환경에서 좋은 작품이 나오는 것이죠. 달오리는 한동안 시간당 돈을 받는❸ 시간제 강사로 일했습니다만 이제는 전업 화가로 변신했습니다. 그의 목표는 모네가 그린 그림❹을 능가하는 역작을 만들어 내는 것입니다.

캔버스 위로 달오리의 손이 바쁘게 움직입니다. 도화지가 바람에 움직이는군요.❺ 한강의 아름다운 경치를 하나씩 그려 나갑니다. 오늘따라 손이 말을 잘 듣네요. 단연코❻ 좋은 그림이 하나 나올 것 같습니다. 물류 트럭 여러 대가 작품에 빠져 있는 달오리 옆으로 지나갑니다.❼ 달오리가 앉은 바로 옆 편의점에 오늘 물건이 많이 들어가나 봅니다. 달오리 옆에 트럭이 한대 멈춰 서고, 기사 아저씨가 혼자서❽ 캔 커피 박스들을 열심히 트럭에서 내리기 시작합니다. 어느덧 캔 커피가 달오리 옆에 잔뜩 쌓여 있습니다.

달오리가 작품을 조금씩❾ 완성해 갈수록 쌓인 캔 커피들의 기울기도 바람과 함께 조금씩❿ 기울어집니다. 마지막 붓 터치를 마친 달오리가 쾌재를 부르며 기지개를 켭니다. 그 순간 캔 커피들이 달오리 머리 위로 쏟아집니다. 이 장면이 오늘의 작품이 아닌가 싶습니다. 지나가던 사람들이 모두 이 장면을 바라보며 그대로 멈춰 섭니다.

❶ by the Han river ❷ stop / drop by ❸ be paid by the hour ❹ a painting by Monet ❺ be moved by the wind ❻ by far ❼ pass by ❽ by himself ❾ by degrees ❿ by degrees

along, across, through

PART 6
특별한 움직임

Unit 21. 따라서 along
Unit 22. 가로질러 across
Unit 23. 통과하여 through

Unit 21
따라서 along

동영상 강의 보기

Let's sing along. 무얼 따라서 부르자는거지?

가을에 낙엽이 수북이 쌓여있는 길을
따라서 걸어본 적이 있지요? along하면
무엇인가를 쭉 따라간다는 이미지가 바로 떠 오르는데요.
어린이들이 유치원 선생님께 너무나 자주 듣는 말인
Let's sing along! 에서는 어떤 의미일까요?
설마 밖에 나가서 길을 '따라서' 노래를 부르자는 것은 아니겠죠?
자, along이 어떤 의미 변화가 가능한지 알아보도록 하지요.

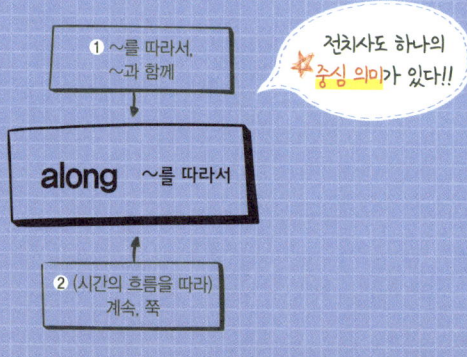

 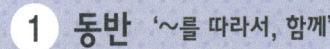

along

1 동반 '~를 따라서, 함께'

along A에서 along은 어떤 장소를 '쭉 따라서'의 의미를 전달하거나, 다른 사람을 따라서 어떤 행동을 한다는 점에서 '함께'의 의미를 전달합니다.

- **walk along the sidewalk** 인도를 따라서 걷다
  ↳ sidewalk를 따라서 걷다

- **get along with each other** 서로 사이좋게 지내다
  ↳ 서로를 멀리하지 않고 따라서 움직이다

- **sing along** 함께 노래하다
  ↳ 서로서로 따라서 함께 부르다

말하기 훈련 *우리말을 보고 영어로 말해 보세요!*

해안을 따라 차를 몰다	drive along the coast
강을 따라서	along the river
~와 함께	along with
함께 오다	come along
데리고 가다	take along

문장 말하기 훈련 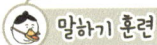 *위에서 학습한 표현을 이용하여 그림을 보고 영어로 말해 보세요!*

• They **sing along** with the songs they like.   • Both of them **get along with each other** very well.

PART 6 | Unit 21. 따라서 along

along 2 지속 '계속, 쭉'

along의 원래 뜻인 '~를 따라서'는 중간에 중단되거나 떨어져 나가지 않고, '계속' 또는 '쭉' 함께 하는 이미지를 나타낼 수 있습니다. 여기서 along은 부사로 쓰여서 '계속, 쭉(continuously)'의 의미를 전달할 수 있답니다.

- **walk** along 계속 걷다
  ↳ 멈추지 않고 쭉 계속 걷다

- **help** ~ along ~가 계속되도록 돕다
  ↳ 어떤 것을 계속 도와 진행되게 하다

- **all** along 처음부터 쭉
  ↳ 어떤 일의 모든 과정을 쭉 계속

 말하기 훈련 우리말을 보고 영어로 말해 보세요!

계속 달리다	run along
표류하다	drift along
계속 움직이다	move along
5분 동안 계속 말하다	talk along for 5 minutes
일을 추진하다	push the work along

문장 말하기 훈련 위에서 학습한 표현을 이용하여 그림을 보고 영어로 말해 보세요!

- She **talked along for** another 20 minutes.
- He had to **walk along** without saying a word.

along의 관용적 표현

❶ bring along 함께 데려오다
I have **brought** a friend **along** today.
나는 오늘 친구 한 명을 데리고 왔어요.

❷ along the line 도중 어딘가에서
Something terrible happened **along the line**.
도중 어딘가에서 끔찍한 일이 발생했다.

❸ all along the line 곳곳에, 모든 점에서
We are challenged **all along the line**.
우리는 모든 점에서 도전을 받고 있다.

❹ right along 줄곧, 끊임없이
He walked **right along** without replying to my question.
그는 내 질문에 대답도 하지 않고 계속 걸었다.

❺ tag along 따라붙다
He always **tags along** behind mother.
그는 항상 엄마 뒤만 따라다닌다.

❻ play along 동조하는 체하다
I decided to **play along** his view.
나는 그의 의견에 동조하는 체하기로 했다.

❼ along the trip 여행 도중에
I lost my passport **along the trip** to Japan.
나는 일본 여행 중에 여권을 잃어버렸다.

❽ be well along in years 꽤 나이가 많다
The waiter **was well along in years**.
그 웨이터는 꽤 나이가 많았다.

스토리로 along 확실히 정복하기

낭만적이야

달오리는 친구들과 서로 사이좋게 지낼❶ 방법을 찾던 중, 아침마다 집 근처에 있는 강을 따라 계속 달리는❷ 것을 계획했습니다. 달오리의 계획대로 한다면 아침마다 함께 노래하면서❸ 강을 따라 달리는 낭만적인 활동을 시작할 수 있겠죠. 달오리는 설레는 마음으로 운동복을 샀습니다. 달오리는 사전 답사를 하기 위해, 빨간 새 운동화와 함께❹ 강에 와서 인도를 따라서 걸어 봅니다.❺ 이 강 옆의 도로는 많은 사람이 강을 따라 차를 운전하는❻ 곳이기도 합니다.

드디어 친구들과 강을 따라 달리는❼ 첫날이 되었습니다. 어라? 그런데 친구들은 시간이 되어도 보이지가 않네요. 한참을 기다리던 달오리, 하릴없이 혼자 계속 움직이기❽만 하다가 그냥 돌아가기로 합니다.

시선 강탈

집으로 가려고 돌아선 달오리, 눈앞에 믿지 못할 장면이 펼쳐집니다. 그토록 애가 타게 찾아 헤맨 달오리의 이상형이 강을 따라❾ 뛰어오고 있습니다. 그리고 달오리의 시선을 강탈하는 그녀의 신발. 그녀는 달오리와 같은 운동화를 신고 있습니다. 이런… 친구들이 안 나온 게 이렇게 고마울 줄은 몰랐습니다. 새로 산 빨간 운동화와 사랑이 달오리에게 함께 옵니다.❿ 이 시간대 운동은 앞으로 고정입니다. 달오리 파이팅!

❶ get along with each other ❷ run along ❸ sing along ❹ along with ❺ walk along the sidewalk ❻ drive along the river ❼ run along ❽ move along ❾ along the river ❿ come along

Unit 22
가로질러 across

동영상 강의 보기

come across him, 그를 가로질러 오다?

across는 cross '십자가; 건너다'에서 유래된 단어임을 아시나요?
'십자가'의 이미지를 떠올린다면
across가 왜 '가로질러'의 뜻인지도 알 수 있겠죠.
문제는 come across가 어떻게
'우연히 만나다'라는 의미가 되는 지인데요.
across의 의미 속으로 들어가 볼까요?

① 가로질러, 넘어가는
↓
across 가로질러

전치사도 하나의
★중심 의미가 있다!!

across

1 횡단 '가로질러, 넘어가는'

across A에서 across는 '가로질러'라는 중심 의미와 이에 따라 건너편으로 '넘어가는'의 이미지도 전달할 수 있습니다. 추상적으로 쓰일 경우에 길을 가로지르는 이미지가 십자가 형태로 마주치는 상황을 함축한다는 점에서 '우연'의 의미를 나타내는 경우도 있지요.

- **across** the street 길 맞은편으로
  ↳ street의 뻗은 방향을 가로질러서
- get **across** the message 그 메시지를 이해시키다
  ↳ 그 message를 상대방에게 건너가도록 만들다
- come **across** an old friend 옛 친구를 우연히 만나다
  ↳ old friend와 서로 가로지르는 방향으로 가다가 만나는 것은 대단히 우연한 상황임

말하기 훈련 우리말을 보고 영어로 말해 보세요!

국경 맞은편에	across the border
해외로	across the sea
장벽을 뛰어넘다	leap across a barrier
팔짱을 끼고	with one's arms across
우연히 만나다	run across

문장 말하기 훈련 위에서 학습한 표현을 이용하여 그림을 보고 영어로 말해 보세요!

- I am parking my car **across the street**.
- He **came across an old friend** there.

across의 관용적 표현

1 **across the board** 전반적으로
Prices fell **across the board**.
가격이 전반적으로 떨어졌다.

2 **across the country** 전국에 걸쳐
The event amused all the people **across the country**.
그 행사는 전국의 모든 사람을 즐겁게 했다.

3 run **across** one's mind 문득 머리에 떠오르다
A good idea **ran across his mind**.
좋은 생각이 문득 그의 머리에 떠올랐다.

4 swim **across** the river 강을 헤엄쳐 건너다
It's very dangerous to **swim across the river**.
그 강을 헤엄쳐 건너는 것은 매우 위험하다.

5 put **across** 이해시키다
It was very difficult to **put** my idea **across** to him.
내 생각을 그에게 이해시키는 것은 매우 힘들었다.

6 wade **across** 걸어서 건너다
You can **wade across** the stream.
그 개울은 걸어서 건널 수 있다.

7 cut **across** 가로지르다
I had to **cut across** the garden.
나는 정원을 가로질러 가야만 했다.

8 drive **across** the country 차를 운전하여 횡단하다
It takes 5 days to **drive across the country**.
그 나라를 차로 횡단하는 데는 5일이 걸린다.

스토리로 across 확실히 정복하기

달오리는 새로 사귄 여자 친구와 수영장에 왔습니다. 앞으로 강을 헤엄쳐 건널 수❶ 있게 해주겠다는 장난을 치며 화기애애하게 입장합니다. 오늘 수영장에는 사람이 많네요. 역시 여름이 되면 다들 실내 수영장으로 몰리죠. 달오리가 사는 동네에 있는 수영장이라 여기서 가끔 옛 친구를 우연히 만나❷기도 합니다.

달오리와 새 여자 친구는 물속에서 손을 잡고 발장구를 치며 까륵까륵 즐거운 시간을 보내고 있습니다. 잠시 후, 그들 앞으로 누군가가 멈춰 섭니다. 아… 또 이렇게 아는 사람을 우연히 만나는❸ 건가요? 어서 인사를…

고개를 든 달오리 앞에 한 여자가 팔짱을 끼고❹ 서 있습니다. 순간 당황해서 아무 말도 못 하는 달오리를 여자 친구가 멀뚱멀뚱 쳐다봅니다. "또 여기니?" 달오리 앞에 멈춰 선 여자가 말합니다. 그 말을 들은 달오리에게 문득 머리에 떠오르는❺ 장면이 있습니다. 전 여자 친구와 물속에서 손을 잡고 발장구를 치며 까륵까륵 즐거운 시간을 보냈던 장면입니다. 당황하여 멍하니 있는 달오리를 두 여자가 떠나갑니다. 발에 끼웠던 오리발을 달오리에게 내던지며…

❶ swim across the river ❷ come across an old friend ❸ run across ❹ with her arms across ❺ run across his mind

Unit 23
통과하여 through

동영상 강의 보기

through illness는 어떻게 '병 때문에'가 될까?

through라고 하면 터널이나 구멍을 통과하는 이미지는
누구나 떠올릴 수 있지요.
문제는 through가 '원인'의 의미로 쓰일 경우인데요.
일반적으로 이유를 나타낼 때 쓰이는 because of와는
어떤 뉘앙스 차이가 있는 것일까요?

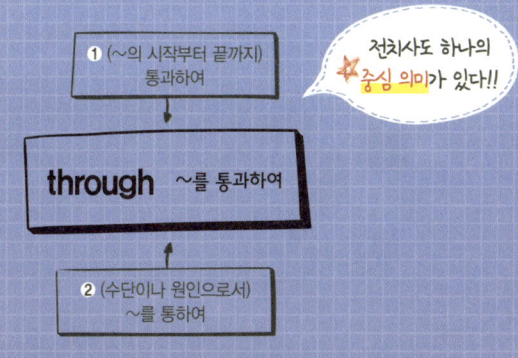

through

1 관통 '~를 통과하여, 지나서'

through A에서 A가 장소나 시간을 나타낼 때, through는 그 장소나 시간의 처음부터 끝까지를 관통하여 지나가는 이미지를 전달하며 '~를 통과하여, ~내내'의 의미로 해석됩니다. 그리고 through A에서 A가 장소나 시간 등이 아닌 어떤 '활동'이나 '사건'을 나타낼 때는 '성취, 경험'의 의미로 해석됩니다.

- **through** the tunnel 터널을 통과하여
  ↳ tunnel을 처음부터 끝까지 관통하여

- see **through** the mist 안개 속을 꿰뚫어 보다
  ↳ mist의 시작 지점부터 끝까지를 관통하여 보다

- **through** the night 밤새
  ↳ night의 처음부터 끝까지를 관통하여

말하기 훈련 우리말을 보고 영어로 말해 보세요!

돌파하다, 뚫다	break through
끝마치다, 완성하다	get through
마을을 통과해 가다	pass through the village
책을 통독하다	read a book through
겨우내	(all) through the winter

문장 말하기 훈련 위에서 학습한 표현을 이용하여 그림을 보고 영어로 말해 보세요!

- They walk **through** the tunnel.
- They can't **see through** the thick **mist**.

through

2 수단, 원인 '~을 통하여, ~의 결과로'

through A는 A가 실제로 '관통'의 개념을 적용할 수 있는 망원경과 같은 구체적인 도구일 때는 '수단'의 의미를 전달합니다. 또한, A가 사람이나 추상적인 개념이라 할지라도 우리말의 '~를 통하여'가 '~를 이용하여, ~에 의하여'로 자연스럽게 연결되는 것처럼 '매개체 역할을 하는 수단'의 의미로 해석될 수 있답니다. 만약 그 과정을 통해 어떤 부정적인 결과나 영향이 초래되는 상황에서는 '수단'이 아니라 '원인'으로 해석됩니다. '~를 통하여'라는 우리말 뉘앙스가 그렇듯이 직접적이기보다는 다소 간접적인 원인의 의미를 전달하며 그 원인의 '지속성'도 함축합니다.

- **observe through a telescope** 망원경을 통하여 관찰하다
  ↳ 실제로 telescope를 통하여 관찰하다

- **buy a car through a friend** 친구를 통해 차를 사다
  ↳ friend를 통해 소개받은 다른 누군가로부터 차를 사다

- **cause an accident through carelessness** 부주의로 사고를 내다
  ↳ 지속적인 carelessness가 원인이 되어 사고를 일으키다

말하기 훈련 우리말을 보고 영어로 말해 보세요!

파이프를 통해 퍼내다	pump through a pipe
열심히 노력해서 성취하다	achieve ~ through hard work
여행사를 통해	through a travel agency
무서움의 영향으로 달아나다	run away through fear
병으로 인해 청력을 잃다	lose hearing through illness

문장 말하기 훈련 위에서 학습한 표현을 이용하여 그림을 보고 영어로 말해 보세요!

- He **observes** the stars **through a telescope**.
- The woman **lost hearing through illness**.

through의 관용적 표현

❶ pull through 극복하다, 회복하다
I believe you can **pull through**.
나는 네가 잘 극복해 내리라 믿는다.

❷ be through with ~와 끝나다
I'm **through with** her for good.
나는 그녀와 영원히 끝났어.

❸ fall through 실패하다
My original plan **fell through**.
내 원래 계획은 수포가 되었다.

❹ make it through 해내다
I **made it through** my first task.
나는 내 첫 임무를 잘 해냈다.

❺ go through 경험하다
My grandfather **went through** two wars.
나의 할아버지는 전쟁을 두 번 경험하셨다.

❻ go through the roof 급등하다
Gas prices are **going through the roof**.
휘발유 가격이 급등하고 있다.

❼ put A through to B 전화로 A를 B에게 바꿔주다
Put me **through to** the manager.
지배인 좀 연결해 주세요.

❽ through and through 철저하게, 속속들이
She is a woman **through and through**.
그녀는 정말로 여자다운 여자이다.

❾ through thick and thin 온갖 어려움에도
We will back you up **through thick and thin**.
우리는 무슨 일이 있더라도 당신을 후원할 것이다.

❿ comb through 구석구석 찾다
The police **combed through** the robbers.
경찰은 강도들을 찾아 샅샅이 수색했다.

스토리로 through 확실히 정복하기

달오리는 요즘 터널을 통과하여[1] 걸어가는 기분입니다. 끝은 보이지 않고 밤새[2] 악몽에 시달립니다. 자신의 부주의로 이별을 경험한 이후, 심적 고통을 돌파하기[3] 위해서 여행사를 통해[4] 짧게 여행도 다녀왔지만 좀처럼 마음을 다잡을 수가 없습니다. 마음 아파하던 달오리에게 얼마 전 본 TV 프로그램은 큰 영감이 되었습니다. '인간은 삶의 의미를 책에서 찾는다.'

그렇습니다. 달오리는 책을 통독하는[5] 것을 새로운 탈출구로 삼습니다. 평소 독서량이 없는 달오리에게 이것은 전쟁을 경험하는[6] 것과 비슷한 고통이겠으나, 인간은 늘 힘든 것을 끝마쳐야[7] 합니다. 오늘은 아침 일찍 일어나 목욕재계를 하고 도서관에 왔습니다. 지나다닐 때는 몰랐는데 이렇게 장엄한 곳이었다니… 달오리는 절로 입이 벌어집니다.

자리를 잡고 열심히 책을 읽는 달오리… 온갖 어려움에도[8] 독서에 집중하는 그의 모습이 참으로 아름답습니다. 몇 시간이나 지났을까요? 달오리는 문득 자신을 바라보는 시선을 느낍니다. 슬며시 고개를 든 달오리는 자신을 바라보며 미소를 짓는 한 여성을 발견합니다. 아 이렇게 또 시작하는군요. 이 정도면 연애 천재 아닌가요? 이번엔 절대 실패하지[9] 않기를… 도서관에 와본 적이 없으니 전 여자 친구를 마주칠 일은 없을 겁니다. 행운을 빕니다.

❶ through the tunnel ❷ through the night ❸ break through ❹ through a travel agency
❺ read a book through ❻ go through a war ❼ get through ❽ through thick and thin
❾ fall through

PART 7
반의어 커플 전치사

Unit 24. 지향하는 for
Unit 25. 반대하여 against
Unit 26. 전에 before
Unit 27. 뒤따라서 after

Unit 24
지향하는 for

for the life of me, 내 목숨을 위하여?

for가 '~을 위하여, ~때문에'를 의미하는 것은 다들 아시죠?
그렇다면 for the life of me의 해석은
어떻게 해야 할까요?
'내 목숨을 위하여? 내 목숨 때문에?' 정도가 아닐까요?
그런데 미국 사람들은 전혀 다른 의미로 이해하고 있으니,
for 역시 만만하게 생각할 전치사는 아니랍니다.

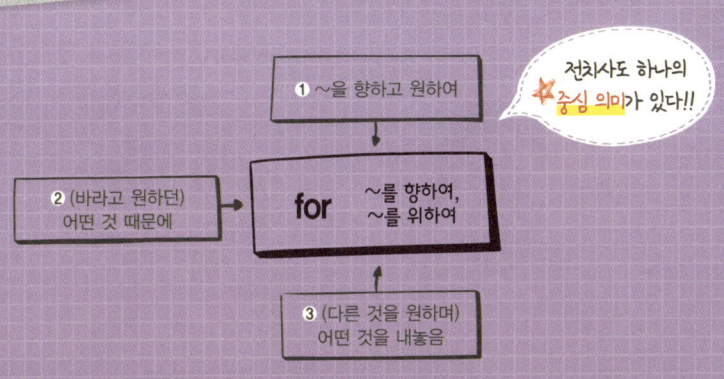

for ① 목적(지) '~을 향하여 / 위하여'

for A는 A를 향하거나 지향하는 이미지를 전달합니다. 어떤 쪽을 향하여 있다는 것은 그곳을 원하거나 기대한다는 것을 함축하기에 자연스럽게 '목적'의 의미를 갖게 되었죠.

- **leave for Seoul** 서울을 향하여 출발하다
  ↳ 차량 등이 서울을 향하여 출발하다
- **wait for him** 그를 기다리다
  ↳ him이 오는 쪽을 향하여 기다리다
- **vote for the bill** 그 법안에 찬성표를 던지다
  ↳ 그 bill을 향하는 쪽으로 찬성표를 던지다

말하기 훈련 우리말을 보고 영어로 말해 보세요!

서울로 향하다	be bound for Seoul
~에 지원하다	apply for
~를 찾다	look for
~를 돌보다 / 좋아하다	care for
~를 지지하다	stand up for

문장 말하기 훈련 위에서 학습한 표현을 이용하여 그림을 보고 영어로 말해 보세요!

• She is **waiting for** him to come back home.   • My brother is still **looking for** a job.

for ② 원인 '~때문에, ~에 대하여'

for가 '목적'의 의미를 갖게 되면서 '원인'이라는 파생적 의미가 생겨나게 됩니다. 우리말에서도 '돈을 위하여'라는 말은 '돈 때문에'라고 쉽게 이해될 수 있죠. 사실 '원인'은 '목적'이란 개념의 다른 측면을 나타낼 뿐입니다.

○ **be punished for theft** 절도죄로 처벌을 받다
  ↳ 절도를 원하다가 또는 절도 때문에 처벌을 받다

○ **be famous for warm climate** 따뜻한 기후로 유명하다
  ↳ 따뜻한 기후로 또는 따뜻한 기후에 대해서 유명하다

○ **be sorry for being late** 늦어서 미안하다
  ↳ 늦은 것 때문에 또는 늦은 것에 대해서 미안하다

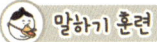 말하기 훈련 우리말을 보고 영어로 말해 보세요!

~로 / 에 대해 칭찬받다	be praised for
~에 대해 설명하다; ~에 책임을 지다	account for
~에 대해 책임이 있다	be responsible for
이유 없이 싸우다	fight for nothing
기뻐서 날뛰다	jump for joy

문장 말하기 훈련 위에서 학습한 표현을 이용하여 그림을 보고 영어로 말해 보세요!

· The youth **is punished for theft**. · The student **is** much **praised for** her brave act.

for ③ 교환 '~을 주고 / 비교할 때'

for가 '목적'의 의미를 갖게 되면서 이에 동반되는 또 다른 의미가 바로 '교환'의 의미이죠. 물건을 서로 바꾼다는 것은 원하는 어떤 물건을 위하여 자기가 가지고 있는 것을 내놓는 상황을 함축하죠. 그래서 미국 사람들은 for에서 '교환'의 의미를 유추해 내는 것입니다. 이러한 교환의 for가 비유적인 의미로 쓰일 때 '~을 비교할 때, ~을 고려하면'이 됩니다. 왜냐하면, 두 사물의 '교환'은 사실 '비교, 대비'의 의미를 자연스럽게 함축하기 때문이죠.

- **exchange food for weapons** 식량과 무기를 교환하다
  ↘ 무기를 원하여 식량을 내주는 상황

- **look young for one's age** 나이에 비해 어려 보이다
  ↘ 나이를 제시하고 보면 어려 보이다

- **for the life of me** 죽어도, 절대로
  ↘ 내 목숨과 맞바꾸더라도

말하기 훈련 우리말을 보고 영어로 말해 보세요!

A와 B를 교환하다	trade A for B
A를 B로 착각하다	take A for B
고기 대신에 생선을 대용하다	substitute fish for meat
돈을 주고 사랑을 사다	buy love for money
요청만 하면	for the asking

문장 말하기 훈련 위에서 학습한 표현을 이용하여 그림을 보고 영어로 말해 보세요!

• I can't go out wearing the shirt **for the life of me**. • I want to **exchange** this shirt **for** something else.

for의 관용적 표현

❶ be cut out for ~의 길을 열다, 가능케 하다
He **is cut out for** a singer.
그는 가수의 안성맞춤이다.

❷ take ~ for granted ~을 당연시하다
We should not **take** clean water **for granted**.
우리는 깨끗한 물을 당연시 여겨서는 안 된다.

❸ compensate for 보상하다
Diligence may **compensate for** a lack of experience.
근면함이 경험의 부족을 메울 수 있다.

❹ call for ~를 요구하다
The girl **called** people **for** help.
그 소녀는 도움을 달라고 사람들에게 요청했다.

❺ reach for ~를 잡으려 손을 뻗다
The little girl **reached for** a book on the shelf.
그 어린 소녀는 선반 위의 책을 잡으려고 손을 뻗었다.

❻ for the sake of ~을 위하여
You must quit smoking **for the sake of** your health.
너의 건강을 위해 담배를 끊어야 한다.

❼ have an eye for ~에 대한 안목이 있다
I don't **have an eye for** a painting.
나는 그림에 대한 안목이 없다.

❽ for the life of me 도저히, 절대로
I couldn't understand him **for the life of me**.
나는 그를 도저히 이해할 수 없었다.

❾ for one's life 필사적으로
He ran away from the dog **for his life**.
그는 그 개로부터 필사적으로 도망을 쳤다.

❿ for the first time 처음으로
I fell in love **for the first time** in my life.
나는 난생처음으로 사랑에 빠졌다.

스토리로 for 확실히 정복하기

달오리는 <u>서울로 향하는</u>❶ 중입니다. 이번에 좋은 일자리가 나서 거기<u>에 지원하기</u>❷ 위해서죠!

달오리는 가족을 돌보는 <u>데 책임이 있습니다.</u>❸ 어린 동생들과 가끔은 <u>까닭 없이 싸우기</u>❹도 하지만 동생들이 믿는 것은 결국 달오리뿐입니다. 동생들은 밖에 늘 <u>그를 기다리며</u>❺ 문 앞까지 나와 있곤 하죠… 달오리는 온통 동생들을 위해서 좋은 것<u>을 찾고</u>❻ 성심 성의껏 <u>그들을 돌보려는</u>❼ 마음뿐입니다. 동생들은 달오리가 집에 들어가면 <u>기뻐서 날뛰기도</u>❽ 합니다. 이 동생들을 위해 다짐합니다. 내가 너희를 위해 꼭 일자리를 구해서 내가 한 약속<u>에 대한 책임을 지겠어!</u>❾ 원하는 음식을 사다 주겠어!

달오리가 집에 들어오자 동생들은 문 앞까지 나와서 <u>그를 기다리고</u>❿ <u>기뻐서 날뜁니다.</u>⓫ 녀석들을 보면 하루의 피로가 말끔히 씻겨나갑니다. 그렇습니다. 달오리는 사실 개를 키웁니다. 달오리의 유일한 가족 녀석들~

❶ be bound for Seoul ❷ apply for ❸ be responsible for ❹ fight for nothing ❺ wait for him ❻ look for ❼ care for ❽ jump for joy ❾ account for ❿ wait for him ⓫ jump for joy

Unit 25
반대하여 against

↙ 동영상 강의 보기

insurance against fire, 불에 반대하는 보험?

against가 '~에 반대하여'의 뜻임은
대부분 알고 있는 것 같습니다.
그런데 우리가 보험을 영어로 표현할 때,
항상 등장하는 전치사가 바로 against인데요.
예를 들어, '화재 보험'이라고 하면 insurance against fire라고 하죠.
이때 왜 against를 쓰는 것일까요?

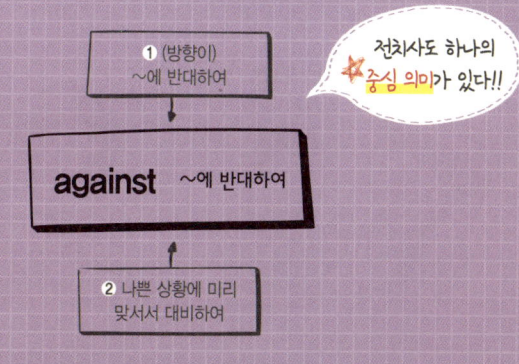

against 1 대항 '~에 반대하여 / 대항하여'

against A가 방향과 연관된 문맥에 사용될 때는 against가 어떤 사물에 '거슬러, 반대 방향으로'의 의미를 갖습니다. 비유적으로 쓰일 때는 찬성이 아닌 '반대, 대항'의 개념이나 이롭지 않고 '불리한'의 의미를 전달합니다.

- **sail against the wind** 바람에 거슬러 항해하다
  ↳ wind가 부는 반대 방향으로 항해하다

- **vote against** 반대 투표하다
  ↳ 어떤 것에 반대쪽으로 투표하다

- **evidence against her** 그녀에게 불리한 증거
  ↳ her에게는 반대가 되는 불리한 증거

말하기 훈련 우리말을 보고 영어로 말해 보세요!

벽에 부딪히다	hit against the wall
적에 맞서 싸우다	fight against the enemy
법에 위배되다	be against the law
그 결정에 반대하다	speak against the decision
그에게 불리하게 작용하다	work against him

문장 말하기 훈련 위에서 학습한 표현을 이용하여 그림을 보고 영어로 말해 보세요!

그에게 반대를 말하지 마요

수년 동안 병마와 싸우는 여자

- Don't try to **speak against** him.
- The woman has been **fighting against** a disease for years.

2 대비 '~에 대비하여, ~를 막는'

against A가 눈앞의 사물에 대한 것이 아니라 미래의 불길한 상황이나 사물과 함께 쓰이는 경우는 단순히 반대의 의미를 전달하기보다는 맞선 상황에의 '대비, 예방'의 의미를 나타내어 '~에 대비하여, ~를 막는'의 뜻으로 해석됩니다. 나중에 닥쳐올 위험 등을 반대한다는 것은 결국 미리 맞서서 '대비'하고 '예방'하는 것이기 때문이죠.

- **insured against unemployment** 실업 보험에 든
  ↳ unemployment에 맞서기 위해 대비하여 보험에 든

- **be effective against pneumonia** 폐렴 예방에 효과적이다
  ↳ pneumonia에 맞서 예방하는 데 효과적이다

- **a charm against bad luck** 불운을 막아주는 부적
  ↳ bad luck에 맞서 미리 예방해주는 부적

말하기 훈련 우리말을 보고 영어로 말해 보세요!

화재에 대비한 보험	insurance against fire
공격에 대비해 무장하다	arm oneself against attack
퇴직에 대비해 돈을 저축하다	save money against retirement
~에 대비하다	provide against
화재 예방을 위해 조심하다	take precautions against fire

문장 말하기 훈련 위에서 학습한 표현을 이용하여 그림을 보고 영어로 말해 보세요!

• Are you **insured against unemployment**?
• I have **a charm against bad luck**.

against의 관용적 표현

❶ lean against the wall 벽에 기대다
The man is **leaning against the wall**.
그 남자는 벽에 기대고 있다.

❷ up against ~에 직면하여
We are **up against** numerous problems.
우리는 수많은 문제에 직면하고 있다.

❸ file a suit against 고소하다
He threatened to **file a suit against** me.
그는 나를 고소하겠다고 협박을 했다.

❹ against the rules 규칙을 위반하여
All the members should not be **against the rules**.
모든 멤버들은 규칙을 위반해서는 안 된다.

❺ say against 험담하다
Don't **say against** others.
다른 사람들을 험담하지 마라.

❻ stack up against with ~와 겨루다
This product cannot **stack up against with** that one.
이 제품은 저 제품에 상대가 되지 않는다.

❼ go against one's grain 기질에 맞지 않는다
His film doesn't **go against my grain**.
그의 영화가 내 취향이 아닌 것은 아니다.

스토리로 against 확실히 정복하기

달오리는 최근 사격 동호회에 가입했습니다. 얼마 전 본 누아르 영화가 결정적 역할을 했죠. 주인공이 적에 맞서 싸우는 ❶ 모습이 너무나 인상 깊었거든요. 문제는 장비들을 사들일 돈이 없다는 것입니다. 어둠의 경로로 구할 수도 있지만, 그것은 법에 어긋납니다. ❷ 마침 달오리는 그동안 퇴직에 대비해 돈을 저축했습니다. ❸ 그중 일부를 떼어서 사격에 필요한 화기를 사는 데 소비합니다.

멋짐 폭발

아~ 이 뿌듯함

달오리는 오늘 화기 성능 점검을 위해 근처 사격장으로 갈 준비를 합니다. 성능 점검이므로 안전하게 실탄 대신 화약탄을 장전해야죠. 탄창을 끼우는 자신의 모습이 마치 공격에 대비해 무장하는 ❹ 누아르 영화의 주인공 같아 뿌듯합니다. 사격장에 도착한 달오리는 연신 화약탄을 발사하기 시작합니다. 역시 성능 하나는 좋군요. 욕심이 생긴 달오리는 실탄을 장전하고 들뜬 마음으로 다시 사격 자세를 취합니다.

몇 분이나 지났을까요? 달오리 주변에 사람이 모이기 시작합니다. 구경꾼들은 감탄을 금치 못합니다. "와… 정말 어떻게 저럴 수가 있지?" 총알이 연신 벽에 부딪히고 ❺ 튕겨 나옵니다. 아무리 성능이 좋으면 뭐 하나요, 달오리가 하고 있는 것은 사격이라기보다는 화기 점검에 가깝습니다. 어느새 총을 맞아 엉망이 된 사격장 벽 앞에 너무나 깨끗하고 멀쩡한 과녁이 우두커니 서 있습니다.

본의 아니게 공포감 조성

❶ fight against the enemy ❷ be against the law ❸ save money against retirement
❹ arm oneself against attack ❺ hit against the wall

Unit 26
전에 before

put A before B, A와 B중에서 뭣이 더 중헌디?

before는 주로 시간적인 의미로 쓰여서
'~전에'를 뜻한다는 것은 많이들 알고 있죠?
put A before B 또한 구체적으로
'B보다 앞쪽에 A를 놓는다'는 의미를 전달할 수 있겠지만,
주로 비유적인 특정한 의미를 나타내는데요.
before의 의미 세계로 함께 들어가 보실까요?

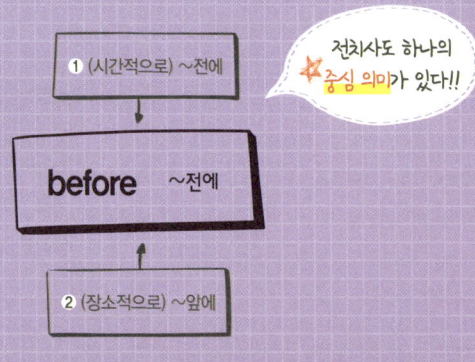

 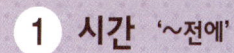

1 시간 '~전에'

before A에서 A가 시간을 나타내는 명사일 경우에는 before가 '~전에'의 뜻을 나타냅니다. 이때는 after '~후에'의 반대 개념으로 이해하면 되죠. before는 단독으로 쓰여 부사로 '이전에'의 뜻으로 쓰일 수도 있답니다. 또한, 전치사뿐만 아니라 접속사의 기능도 가능하므로 뒤에 절을 동반할 수도 있습니다.

- **get up before dawn** 새벽이 오기 전에 일어나다
  ↳ dawn이 시작되기 전에 일어나다
- **the day before yesterday** 그제
  ↳ yesterday의 전날
- **before marriage** 결혼 전에
  ↳ marriage 이전에

말하기 훈련 우리말을 보고 영어로 말해 보세요!

10월 말 전에	before the end of October
유통기한 6월 26일까지	best before June 26
정오 전에	before noon
오래지 않아	before long
이전에 만난 적이 있다	have met before

문장 말하기 훈련 위에서 학습한 표현을 이용하여 그림을 보고 영어로 말해 보세요!

- My grandfather always **gets up before dawn**.
- I will visit his house **before long**.

before 2 장소 '~앞에'

before A에서 A가 시간적 개념 이외의 명사, 특히 장소와 연관된 명사일 때 before는 '~앞에'의 의미로 쓰입니다. 물론 이런 의미일 때는 in front of를 사용할 수 있습니다. 단순히 장소 상으로 앞에 있는 경우가 아니라 순서상 '앞선' 경우를 나타낼 수도 있습니다. 이런 의미가 비유적으로 확대되어 '중요성'이나 '가치'가 앞선다는 내용을 전달할 수도 있답니다.

- **stop before the bank** 그 은행 앞에서 멈추다
  ↳ bank라는 장소 앞에 멈추다

- **walk before me** 내 앞에 걷다
  ↳ me보다 순서가 앞선 위치에서 걷다

- **put money before anything else** 돈을 무엇보다 중시하다
  ↳ money의 가치를 그 무엇보다 앞쪽에 놓다

말하기 훈련 우리말을 보고 영어로 말해 보세요!

나보다 앞서 달리다	run before me
여왕 앞에 무릎을 꿇다	kneel before the queen
방청객 앞에 서다	stand before the audience
~의 면전에서	before one's face
주객이 전도되다	put the cart before the horse

문장 말하기 훈련 위에서 학습한 표현을 이용하여 그림을 보고 영어로 말해 보세요!

- He is **running** considerably **before** her.
- He **puts** money **before** anything else.

before의 관용적 표현

① right before my eyes 바로 내 눈앞에서
The police officer arrested him **right before my eyes**.
그 경찰관은 바로 내 눈앞에서 그를 체포했다.

② the day before yesterday 그저께 → 어제의 전날
I bought this book **the day before yesterday**.
나는 이 책을 그저께 샀다.

③ as before 예전처럼
The singer is not so popular **as before**.
그 가수는 예전처럼 인기는 없다.

④ shortly before 직전에
We just broke off **shortly before** Christmas.
우리는 크리스마스 직전에 헤어졌다.

스토리로 before 확실히 정복하기

달오리는 그제❶ 특이한 일을 겪었습니다. 어떤 사람이 길에서 달오리에게 "우리 어딘가에서 이전에 만난 적이 있다❷"라며 말을 걸었죠. 그 사람은 달오리의 면전에서❸ 눈을 똑바로 쳐다보며 눈이 참 맑다고 했죠. 그녀는 달오리의 손을 지긋이 잡으며 '돈보다 더 중요한 것이 있다'라고 했죠. 손에 온기가 전해져 옵니다.

달오리는 잠시 생각을 해봅니다. 그렇군요. 이 분의 말이 맞습니다. 달오리는 지금까지 돈을 무엇보다 중시하고❹ 그보다 앞서 달리는❺ 사람을 시기하고 질투했습니다. 누군가가 그 앞에 걷는 것도❻ 용납하지 못했죠. 순간 자신의 손을 잡은 이 신비한 인물과 정신적 교감을 한 달오리는 자신의 연락처를 주며 얘기합니다. "더 많은 가르침을 받고 싶습니다."

아… 며칠이나 지났을까요? 드디어 운명의 그 사람을 다시 만날 날이 되었군요. 새벽이 오기 전에 일어나서❼ 몸과 마음을 새롭게 해야겠습니다. 그렇습니다. 달오리는 이제 사이비 종교의 꿈나무가 됩니다. 여러분, 사이비 종교가 이렇게 무섭습니다. 며칠 후면 달오리는 집문서와 통장을 들고 현관문을 나설지도 모릅니다.

❶ the day before yesterday ❷ have met before ❸ before 달오리's face (before one's face ❹ put money before anything else ❺ run before him ❻ walk before him ❼ get up before dawn

Unit 27
뒤따라서 after

동영상 강의 보기

take after, 나중에 먹다?

after가 시간적인 개념으로 쓰일 때는
'~뒤에, 후에'의 의미를 띤다는 것은 알고 계시죠?
문제는 우리가 누구를 닮았다는 것을 표현할 때,
왜 take after를 사용하는지 쉽게 이해되지 않는다는 거죠.
after의 의미 속으로 들어가 보도록 합시다.

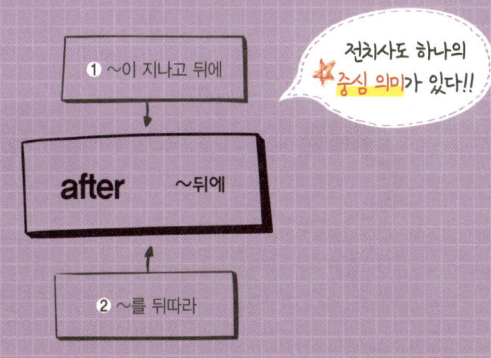

전치사도 하나의 중심 의미가 있다!!

after 1 시간 '~뒤에, ~후에'

after A에서 after는 A가 시간적 개념인 경우에 '뒤에, 후에'의 의미를 전달합니다. after는 전치사와 부사뿐만 아니라 접속사로도 사용되며, 이때는 뒤에 절을 동반할 수 있으며 반대 개념인 before '~전에'와 상대적인 의미로 쓰입니다.

- **after breakfast** 아침 식사를 한 후에
  ↳ breakfast란 시점 후에
- the day **after** tomorrow 모레
  ↳ tomorrow 후의 날짜
- **after** an hour 한 시간 후에
  ↳ 한 시간이 지난 후에

말하기 훈련 우리말을 보고 영어로 말해 보세요!

밤 열 시 이후에	after 10 p.m.
자정 후에	after midnight
한참 후에	after a while
퇴근 후에	after work
대학 졸업 직후에	right after college

문장 말하기 훈련 위에서 학습한 표현을 이용하여 그림을 보고 영어로 말해 보세요!

- Her daughter didn't come home **after midnight**.
- She came back home **after breakfast**.

after 2 순서 '~뒤에, ~를 뒤따라'

시간적 개념 이외의 상황에 after가 쓰일 때는 '~뒤에, ~를 뒤따라'의 의미를 나타냅니다. 비유적으로 쓰일 때는 뒤를 따라 좇는다는 이미지에서 '추적, 추구'의 의미를 전달할 수도 있고, 무엇인가를 따른다는(follow) 점에서 '모방'의 의미를 전달할 수도 있습니다.

- **one after another** 차례로
  → 한 사람이 다른 사람의 뒤를 따라

- **pursue after a runaway** 도망자를 추적하다
  → runaway의 뒤를 따라서 추적하다

- **take after one's father** 아버지를 닮다
  → father를 따라서 자신의 얼굴 모습을 취하다

말하기 훈련 우리말을 보고 영어로 말해 보세요!

뒤에 오다	come after
마음이 가는 대로	after one's heart
진실을 추구하다	seek after the truth
장군을 따라 이름 짓다	name after the General
유럽식으로	after the European style

문장 말하기 훈련 위에서 학습한 표현을 이용하여 그림을 보고 영어로 말해 보세요!

- His daughter doesn't seem to **take after** him at all.
- He is **named after** his uncle.

after의 관용적 표현

1 look after 돌보다 → 뒤를 돌보아 주다
You have to **look after** yourself.
너는 자신을 보살펴야 한다.

2 after all 결국
The actor didn't show up **after all**.
그 배우는 결국 나타나지 않았다.

3 ask after ~의 안부를 묻다
He **asked after** your father.
그가 너의 아버지의 안부를 물었어.

4 inquire after ~의 안부를 묻다
He had the kindness to **inquire after** my mother.
그는 친절하게도 우리 엄마의 안부를 물었다.

5 go after fame 명성을 좇다
The politician was blamed for **going after** only **fame**.
그 정치인은 오로지 명성만 좇는다고 비난을 받았다.

6 day after day 매일
My sister stays at home **day after day**.
내 여동생은 매일 집에만 있다.

7 the day after tomorrow 모레 → 내일 후의 날
The day after tomorrow is a very special day.
모레는 매우 특별한 날이다.

8 After you. 먼저 하세요.
Thankfully, the man said, "**After you**."
고맙게도, 그 남자는 "먼저 하세요."라고 말했다.

9 time after time 몇 번이고, 자주
I told him **time after time** not to doze off.
나는 몇 번이고 그에게 졸지 말라고 말했다.

스토리로 after 확실히 정복하기

오늘은 달오리가 서울에 상경한 지 10년째 되는 날입니다. <u>대학 졸업 직후에</u>❶ 상경한 달오리에게 그동안 참 많은 일이 있었습니다. 직장을 다니면서 연애도 참 많이 했고, <u>퇴근 후에는</u>❷ 친구들과 한잔한 후에 이런저런 사고도 치고 다녔죠. 모든 일은 <u>한참 후에</u>❸ 소중한 추억이 된다는 것을 깨달았습니다. 달오리는 지난 10년간 함께한 모든 사람을 초대하여 파티를 열 계획입니다. 달오리는 부모님<u>을 닮아</u>❹서 인심이 후한 편이죠.

오늘 파티는 <u>유럽식으로</u>❺ 꾸몄습니다. 신선한 과일과 칵테일이 있는 나름대로 품격 있는 파티입니다. 파티 시작 시각이 다가오자 손님들이 <u>차례로</u>❻ 도착하기 시작합니다. 달오리는 문 앞까지 나가 일일이 악수를 하며 그들을 맞이하죠. 손님들은 서로서로 반갑게 인사하며 "<u>먼저 가시죠.</u>"❼라며 양보하는 군요. 입장은 <u>밤 열 시 이후</u>❽까지 계속됩니다. 어느덧 100여 명 가까이 다 모였군요.

달오리가 초대한 손님들은 각양각색입니다. 서울에 처음 올라왔을 때 자신을 태워준 아저씨, 자신이 속 썩였던 구조대원 아저씨들, 이웃들… 그리고 전 여자 친구, 전전 여자 친구, 전전전 여자 친구… 응? 그렇습니다. 달오리는 정말 아무 생각 없이 자신의 연락처에 있는 모든 사람을 다 초대했습니다. 오늘 <u>자정 후에</u>❾ 모든 사람이 자신을 소개하는 시간을 가질 예정입니다. 또 하나의 막장 드라마가 예상됩니다. 멋진 밤을 기원합니다.

---

❶ right after college ❷ after work ❸ after a while ❹ take after ❺ after the European style ❻ one after another ❼ after you ❽ after ten p.m. ❾ after midnight

문장 말하기 훈련, 관용적 표현

PART 8
복습만이 살길

Unit 01. at 복습하기

Unit 02. on 복습하기

Unit 03. in 복습하기

Unit 04. to 복습하기

Unit 05. into 복습하기

Unit 06. out 복습하기

Unit 07. off 복습하기

Unit 08. from 복습하기

Unit 09. over 복습하기

Unit 10. above 복습하기

Unit 11. beyond 복습하기

Unit 12. up 복습하기

Unit 13. under 복습하기

Unit 14. below 복습하기

Unit 15. down 복습하기

Unit 16. of 복습하기

Unit 17. with 복습하기

Unit 18. about 복습하기

Unit 19. around 복습하기

Unit 20. by 복습하기

Unit 21. along 복습하기

Unit 22. across 복습하기

Unit 23. through 복습하기

Unit 24. for 복습하기

Unit 25. against 복습하기

Unit 26. before 복습하기

Unit 27. after 복습하기

Unit 01 | at 복습하기 | 우리말을 보고 영어로 말해 보세요.

01 그는 그녀가 버스 정류장에서 춤을 추고 있는 것을 본다.
02 그 버스는 호텔에 도착한다.
03 그는 밤에 잠을 잘 못 잔다.
04 그는 아침 식사 중에 존다.
05 그는 그 새를 향해 사격하고 있다.
06 단지 너의 성공을 목표로 해라.
07 그는 누군가 그의 개에게 했던 일 때문에 격분했다.
08 모든 사람은 그 광경에 충격을 받는다.
09 그는 기껏해야 20살로 보인다.
10 그는 적어도 20살로 보인다.
11 즉시 출발합시다.
12 드디어 내 숙제를 끝냈다.
13 그녀는 처음에는 나를 좋아하지 않았어.
14 나는 그 소식을 직접 들었어.
15 나는 그것에 관하여 전해 들었어.
16 기말시험이 가까이 다가왔어.
17 그녀는 피아노를 잘 친다.
18 나는 너랑 있으면 마음이 편해.

✔ 음원 듣기

He sees her dancing at the bus stop.	p.012
The bus arrives at the hotel.	p.012
He has trouble sleeping at night.	p.013
He dozes off at breakfast.	p.013
He is shooting at the bird.	p.014
Just aim at your success.	p.014
He got angry at what someone had done to his dog.	p.015
All the people are shocked at the sight.	p.015
He looks 20 years old at most.	p.016
He looks 20 years old at least.	p.016
Let's start at once.	p.016
At last, I've finished my homework.	p.016
She didn't like me at first.	p.016
I heard the news at first hand.	p.016
I heard about it at second hand.	p.016
The term exam is at hand.	p.016
She's good at playing the piano.	p.016
I feel at home with you.	p.016

복습 횟수	1회	2회	3회	4회	5회
복습 날짜	월 일	월 일	월 일	월 일	월 일

Unit 02 | on 복습하기 | 우리말을 보고 영어로 말해 보세요.

01. 새 책이 책상 위에 있다.
02. 큰 파리 한 마리가 벽에 있다.
03. 비평가들은 그 영화에 대해 호의적인 논평을 한다.
04. 그는 앞줄의 커플을 주시한다.
05. 요즘은 나를 믿어도 돼.
06. 그들은 걸어서 학교에 간다.
07. 그는 오늘 저녁 근무이다.
08. 내 동료는 심부름을 간다.
09. 잠시만 전화 끊지 말고 기다려줄래?
10. 너 또 다이어트 중이니?
11. 그는 고의로 나를 쳤다.
12. 반대로, 운동이 당신께 해가 될 수도 있다.
13. 다시 생각해보니, 나도 역시 그 파티에 참석하고 싶어.
14. 나는 아파서 거기에 갈 수가 없었어.
15. 그 기차는 막 출발하려 한다.
16. 제 가족을 대표해서 당신의 도움에 정말 감사드립니다.
17. 반면에, 다른 사람들은 그가 잘 생겼다고 생각한다.
18. 외모 때문에 남들을 멸시하지 마세요.
19. 나는 그 한국 가수에게 홀딱 반했다.
20. 스트레스가 그녀의 건강에 나쁜 영향을 미쳤다.

✓ 응원 듣기

A new book is on the desk. p.019

A big fly is on the wall. p.019

Critics comment favorably on the movie. p.020

He keeps an eye on the couple in the front row. p.020

You can count on me for the charge. p.021

They go to school on foot. p.021

He is on duty this evening. p.022

My colleague goes on an errand. p.022

Can you hold on for a minute? p.023

Are you on a diet again? p.023

He hit me on purpose. p.024

On the contrary, exercise may do you harm. p.024

On second thought, I would like to join the party, too. p.024

I couldn't go there on account of illness. p.024

The train is on the point of setting off. p.024

I really appreciate your help on behalf of my family. p.024

On the other hand, others think that he is handsome. p.024

Don't look down on others because of appearance. p.024

I have a crush on the Korean singer. p.024

Stress had a bad effect on her health. p.024

복습 횟수	1회	2회	3회	4회	5회
복습 날짜	월 일	월 일	월 일	월 일	월 일

Unit 03 | in 복습하기 | 우리말을 보고 영어로 말해 보세요.

01. 달오리는 서울에 10년째 살고 있다.
02. 그는 노래 경연에 참여하지 않을 것이다.
03. 그는 3개월 동안 혼수상태이다.
04. 그는 건강을 유지하기 위해 규칙적으로 운동한다.
05. 우리 부모님은 1988년에 결혼하셨다.
06. 나는 12월에 태어났다.
07. 그들은 가끔 말다툼을 심하게 한다.
08. 그들은 결국 화해를 한다.
09. 집세를 미리 선지급으로 내셔야 합니다.
10. 그 편지는 서둘러서 쓰인 것이다.
11. 그는 자신을 상세히 소개했다.
12. 일반적으로, 개들은 사람보다 빠르다.
13. 개인적으로 당신께 드릴 말씀이 있어요.
14. 나는 그 가수를 직접 보았다.
15. 그의 시도는 허사였다.
16. 그는 금을 찾아 캘리포니아로 갔다.
17. 유혹에 굴복하지 마라.
18. 나는 그 정책에 찬성한다.

Moon Duck has lived in Seoul for ten years.

He won't participate in the singing competition.

He is in a coma for three months.

He works out regularly to keep in shape.

My parents got married in 1988.

I was born in December.

They quarrel bitterly once in a while.

They make up in the long run.

You have to pay your rent in advance.

The letter was written in haste.

He introduced himself in detail.

In general, dogs run faster than men.

I want to talk to you in private.

I saw the singer in person.

He tried in vain.

He went to California in search of gold.

Don't give in to temptation.

I'm in favor of the policy.

복습 횟수	1회	2회	3회	4회	5회
복습 날짜	월 일	월 일	월 일	월 일	월 일

Unit 04 |to 복습하기| 우리말을 보고 영어로 말해 보세요.

01 그는 아침 일찍 학교에 간다.
02 그는 그녀에게 책 한 권을 공짜로 준다.
03 그는 그녀에게 항상 충실해 왔다.
04 그들은 버스 안에서 그 노래에 맞춰 춤을 춘다.
05 모든 승객은 매우 놀랐다.
06 그들이 춤을 멈추었을 때, 그들은 흠뻑 젖어있었다.
07 존은 메리와 약혼한 사이다.
08 자, 본론으로 들어갑시다.
09 나는 그 장군을 존경한다.
10 뉴스 보도에 따르면, 큰 화재가 발생했다.
11 그는 수학에서 최고이다.
12 이 케이크를 실컷 먹어라.
13 너의 말은 이치에 맞지 않는다.
14 나는 일찍 일어나는 데 익숙하지 않다.
15 그는 영어 교육에 헌신했다.
16 그는 헛되이 시도했다.

He goes to school early in the morning.   p.034

He gives a book to her for nothing.   p.034

He has always been true to her.   p.035

They dance to the song in the bus.   p.035

All the passengers are surprised to death.   p.036

When they stopped dancing, they were wet to the skin.   p.036

John is engaged to Mary.   p.037

Let's get down to business.   p.037

I look up to the General.   p.037

According to a news report, a big fire broke out.   p.037

He is second to none in math.   p.037

Help yourself to this cake.   p.037

Your remark does not stand to reason.   p.037

I am not accustomed to getting up early.   p.037

He devoted himself to English education.   p.037

He tried to no purpose.   p.037

복습 횟수	1회	2회	3회	4회	5회
복습 날짜	월 일	월 일	월 일	월 일	월 일

Unit 05 | into 복습하기 | 우리말을 보고 영어로 말해 보세요.

01 나의 어머니는 그 드라마에 푹 빠져있다.
02 어젯밤 누군가 우리 가게에 침입했다.
03 그 법은 다음 달에 효력을 발휘할 것이다.
04 너는 이 영어책을 한국어로 번역해야 한다.
05 그는 게다가 잘 생겼어.
06 그의 차는 벽에 충돌했다.
07 나는 그녀와 엘리베이터 안에서 우연히 마주쳤다.
08 내 일에 간섭하지 마라.
09 그녀는 콘서트 중에 곤경에 빠졌다.
10 우주는 언제 생겨났을까?
11 너의 말을 실천으로 옮기는 것이 중요하다.
12 그것은 성장하여 큰 회사가 되었다.
13 그 큰 회사는 두 개로 쪼개졌다.
14 그 두 회사는 1997년에 파산했다.

음원 듣기

My mother is into the soap opera. p.041

Somebody broke into our shop last night. p.041

The law will come into effect next month. p.042

You must translate this English book into Korean. p.042

He is handsome into the bargain. p.043

His car ran into the wall. p.043

I bump into her in the elevator. p.043

Don't put your nose into my business. p.043

She got into hot water during the concert. p.043

When did the universe come into being? p.043

It is important to put your words into action. p.043

It grew into a big company. p.043

The big company divided into two parts. p.043

The two companies went into bankruptcy in 1997. p.043

복습 횟수	1회	2회	3회	4회	5회
복습 날짜	월 일	월 일	월 일	월 일	월 일

Unit 06 |out 복습하기| 우리말을 보고 영어로 말해 보세요.

01 도시 전역에 걸쳐서 폭동이 발발했다.
02 그녀는 한밤중에 외출한다.
03 우리는 좋은 해결책을 찾아냈다.
04 걱정하지 마. 우리는 잘 해낼 거야.
05 그의 신발과 옷은 완전히 낡았다.
06 그들은 그에게 서류 양식을 작성하라고 요구한다.
07 그 소문은 거짓임이 판명되었다.
08 그녀는 이 학급에서 눈에 띈다.
09 그는 희망을 품고 서울을 향하여 출발했다.
10 나는 그와 데이트를 하고 싶다.
11 내 동생은 이제 통제가 안 된다.
12 네 패션은 유행이 지났다.
13 그 주자는 숨이 찼다.
14 그녀는 갑자기 사라졌다.
15 우리의 승리는 확실하다.
16 정각에 그곳에 도착하는 것은 불가능하다.

Riots broke out throughout the city.   p.046

She goes out in the middle of the night.   p.046

We have found out a good solution.   p.047

Don't worry. We'll work things out.   p.047

His shoes and uniforms are worn out.   p.048

They ask him to fill out the form.   p.048

The rumor turned out to be false.   p.049

She stands out in this class.   p.049

He set out for Seoul full of hope.   p.049

I want to go out with him.   p.049

My younger brother has gotten out of hand.   p.049

Your fashion is out of date.   p.049

The runner was out of breath.   p.049

She disappeared out of the blue.   p.049

Our victory is out of question.   p.049

To get there on time is out of the question.   p.049

복습 횟수	1회	2회	3회	4회	5회
복습 날짜	월 일	월 일	월 일	월 일	월 일

Unit 07　|off 복습하기|　우리말을 보고 영어로 말해 보세요.

01 그는 버스에서 재킷을 벗는다.
02 그는 버스에서 내릴 때 재킷을 챙기는 것을 깜박 잊었다.
03 갑자기 전기가 끊겼다.
04 그 공연은 폭우 때문에 취소되었다.
05 버스는 콘서트장을 향하여 정각에 출발한다.
06 그들은 공연을 3시에 시작할 것이다.
07 나는 3년 전보다 훨씬 더 잘살고 있다.
08 당신의 노력은 언젠가 성과를 낼 것이다.
09 그 선수는 그의 특별한 능력을 자랑했다.
10 단추가 떨어져 버렸다.
11 방송을 끝마칠 시간이다.
12 우리 정부는 전쟁을 피하려 노력하고 있다.
13 그는 그 일을 웃어넘기기로 했다.
14 그 지역은 대중에게 출입 금지된 구역이다.
15 네 말은 요점에서 벗어난다.
16 그는 부모에게 얹혀산다.

He takes off his jacket on the bus. p.052

He forgot to take his jacket when he got off the bus. p.052

The electricity was cut off all of a sudden. p.053

The performance was called off because of heavy rain. p.053

The bus sets off for the concert hall exactly on time. p.054

They will kick off the performance at 3 o'clock. p.054

I am far better off than three years ago. p.055

Your efforts will pay off someday. p.055

The player showed off his special skills. p.055

The button has come off. p.055

It's time to sign off. p.055

Our government is trying to head off the war. p.055

He decided to laugh it off. p.055

The area is off limits to the public. p.055

What you say is off the point. . p.055

He lives off his parents. p.055

복습 횟수	1회	2회	3회	4회	5회
복습 날짜	월 일	월 일	월 일	월 일	월 일

Unit 08 | from 복습하기 | 우리말을 보고 영어로 말해 보세요.

01 내 부모님은 아침부터 밤까지 열심히 일하신다.
02 그녀는 옛 친구에게서 오늘 아침에 전화를 받았다.
03 그는 그녀에게 단지 호기심 때문에 물었다.
04 그분은 과로로 돌아가셨다.
05 당신은 술을 삼가는 것이 좋겠어요.
06 그 병을 아이들 손에 닿지 않는 곳에 두어라.
07 그의 가족은 생계를 간신히 유지하고 있다.
08 그는 단도직입적으로 말하기를 선호한다.
09 우리는 종종 외식을 즐깁니다.
10 너는 처음부터 다시 시작해야 한다.
11 나는 너에게서 연락이 올 줄은 몰랐다.
12 어떤 병들은 운동 부족에서 기인한 것 같다.
13 그 축제는 약 100년 전부터 시작되었다.
14 많은 영어 단어는 독일어에서 유래된다.
15 와인은 포도로 만들어진다.

✓ 음원 듣기

My parents work hard from morning to night.   p.058

She got a call from her old friend this morning.   p.058

He asked her just from curiosity.   p.059

The man died from overwork.   p.059

You had better abstain from drinking.   p.060

Keep the bottle away from children.   p.060

His family lives from hand to mouth.   p.061

He prefers to talk straight from the shoulder.   p.061

We enjoy eating out from time to time.   p.061

You must start again from scratch.   p.061

I wasn't expecting to hear from you.   p.061

Some disease seems to stem from the lack of exercise.   p.061

The festival dates from around 100 years ago.   p.061

Many English words derive from German.   p.061

Wine is made from grapes.   p.061

복습 횟수	1회	2회	3회	4회	5회
복습 날짜	월 일	월 일	월 일	월 일	월 일

Unit 09 | over 복습하기 | 우리말을 보고 영어로 말해 보세요.

01 전국적으로 지진에 대한 공포가 있다.
02 그들은 그 문제에 관해 이야기하는 데 몇 시간을 보낸다.
03 그는 실수로 한 여자를 치었다.
04 그녀가 부상에서 회복하는 데는 세 달이 걸렸다.
05 그녀는 전화상으로는 자세히 말할 수 없다.
06 커피를 마시며 이야기합시다.
07 그 어린 팬들은 그녀의 죽음에 대하여 슬퍼했다.
08 나는 달력의 한 장을 넘겼다.
09 전운이 그 나라에 감돌고 있다.
10 사람들은 전국에서 그 승리를 경축했다.
11 커피 마시며 이야기를 나누면 어때?
12 편의점은 처방전 없이 살 수 있는 약을 판매할 수 있다.
13 나는 오늘 기분이 날아갈 것 같아.
14 천천히 차를 세우세요.
15 그는 삼촌을 만나기 위해 도쿄에 잠깐 들렀다.
16 그는 내 실수를 눈감아 주었다.

There is fear of earthquakes all over the country.

They spend hours talking over the matter.

He ran over a woman by mistake.

It took three months for her to get over her injury.

She can't talk over the telephone in detail.

Let's talk over the coffee.

The young fans wept over her death.

I turned over a leaf of the calendar.

War clouds hang over the country.

People celebrated the victory all over the country.

Why don't we chat over coffee?

Convenience stores can sell over-the-counter drugs.

I'm over the moon today.

Slowly, I want you to pull over.

He stopped over in Tokyo to meet his uncle.

He passed over my fault.

Unit 10 |above 복습하기| 우리말을 보고 영어로 말해 보세요.

01 산 위에 있는 태양이 햇볕을 내리쬐고 있다.
02 온도가 섭씨 40도를 넘을 것이다.
03 그는 거짓말할 사람이 아니다.
04 그 신사는 나쁜 행동을 할 리가 없다.
05 그는 상급 법원에 항소하기로 했다.
06 그는 간신히 생계를 꾸려 나갔다.
07 나는 그가 몸 상태가 좋다고 생각한다.
08 너는 너의 수입 이상으로 지출하면 안 된다.
09 돈 이외에도 사랑이 중요한 역할을 한다.
10 그는 돈보다 명예를 중시한다.
11 모든 과정은 공명정대해야 한다.
12 위에서 언급한 대로, 과학이 모든 문제를 해결할 수는 없다.
13 너는 어떤 상황에서도 주제를 넘어서는 안 된다.
14 그 제품의 품질은 표준 이상이 아니다.

The sun above the mountain is blazing down on us. p.071

The temperature will be above 40 degrees Celsius. p.071

He is above telling a lie. p.072

The gentleman is above bad behavior. p.072

He decided to appeal to the court above. p.073

He managed to keep his head above water. p.073

I think he is above the weather. p.073

You should not spend above your income. p.073

Over and above money, love plays an important role. p.073

He puts honor above money. p.073

All the processes should be above board. p.073

As mentioned above, science can't solve every problem. p.073

You should not be above yourself in any case. p.073

The quality of the product is not above the standard. p.073

복습 횟수	1회	2회	3회	4회	5회
복습 날짜	월 일	월 일	월 일	월 일	월 일

Unit 11 | beyond 복습하기 | 우리말을 보고 영어로 말해 보세요.

01 그 연회장은 저 공원 너머에 있다.
02 그 파티는 자정이 한참 지나도 계속되었다.
03 그들의 고통은 이루 말할 수 없다.
04 그 지역의 가난은 상상을 초월한다.
05 그의 자리는 도저히 나로서는 도달할 수 없는 곳이다.
06 그 새 카메라는 적정가를 훌쩍 넘어선다.
07 그녀는 분수에 맞지 않는 생활을 하는 것 같다.
08 당신은 몰라보게 달라졌군요.
09 그 할머니는 믿을 수 없을 만큼 부자다.
10 그 고문서는 값을 매길 수 없을 만큼 귀중하다.
11 그의 행동은 때로는 전혀 상식에 맞지 않았다.
12 나는 그의 말을 도저히 이해를 할 수가 없었다.
13 죄송하지만, 당신의 컴퓨터는 수리가 안 돼요.
14 그 용감한 젊은이의 행동은 아무리 칭찬을 해도 지나치지 않았다.

음원 듣기

The banquet hall is beyond that park.   p.076

The party continued well beyond midnight.   p.076

Their sufferings are beyond description.   p.077

The poverty in the region is beyond imagination.   p.077

His position is beyond my reach.   p.078

The new camera goes beyond an affordable price.   p.078

She seems to live beyond her means.   p.078

You have changed beyond recognition.   p.078

The old lady is rich beyond belief.   p.078

The old document is beyond price.   p.078

His behavior was sometimes beyond all reason.   p.078

What he said was beyond my depth.   p.078

I'm sorry, but your computer is beyond repair.   p.078

The brave youth's behavior was beyond praise.   p.078

복습 횟수	1회	2회	3회	4회	5회
복습 날짜	월 일	월 일	월 일	월 일	월 일

Unit 12 |up 복습하기| 우리말을 보고 영어로 말해 보세요.

01 쓰레기를 줍는 할머니가 있다.
02 그 할머니를 보기 위해 모두 일어섰다.
03 그녀는 그의 썰렁한 농담에 지친다.
04 그 커플이 헤어졌다고 알려졌다.
05 빗발이 약간 가늘어 지고 있다.
06 그녀는 어떤 커피숍 앞에 차를 세운다.
07 나는 마침내 그녀를 다시 찾기로 했다.
08 오늘은 꽤 추우니, 옷을 껴입어야 한다.
09 나한테 알랑거리지 마.
10 그녀는 고객들과 친근한 대화를 시작했다.
11 상은 틀림없이 너를 기운 나게 할 것이다.
12 극장이 오늘 밤에는 매진이다.
13 나의 아버지는 우리 집을 수리할 계획이다.
14 어떠한 이유로도 희망을 포기하지 마라.
15 그가 대단히 좋은 생각을 내놓았다.
16 그녀는 남자 친구와 헤어졌다.

There is an old woman picking up garbage. p.081

Everyone stood up to see the old woman. p.081

She is fed up with his flat joke. p.082

It is reported that the couple broke up. p.082

The rain is letting up a little. p.083

She pulls up in front of a coffee shop. p.083

I finally made up my mind to find her again. p.084

It's pretty cold today, so you need to bundle up. p.084

Don't try to butter me up. p.084

She stroke up a friendly conversation with customers. p.084

A prize will surely cheer you up. p.084

The theater is booked up tonight. p.084

My father plans to fix up our house. p.084

Don't give up your hope on any account. p.084

He came up with a great idea. p.084

She broke up with her boyfriend. p.084

복습 횟수	1회	2회	3회	4회	5회
복습 날짜	월 일	월 일	월 일	월 일	월 일

Unit 13 | under 복습하기 | 우리말을 보고 영어로 말해 보세요.

01 그는 침대 밑에 숨어 있는 것이 틀림없어.
02 탁자 아래는 봤니?
03 그 부대는 포위 공격을 받고 있다.
04 그 부상병은 외과수술을 받고 있다.
05 너는 어떤 상황에서도 외박하면 안 된다.
06 투표가 지금 진행 중이다.
07 그 나라의 대통령은 사임하라는 압력을 받고 있다.
08 나는 오늘 몸이 별로 안 좋다.
09 그는 그것에 관하여 나에게 몰래 알려 주었다.
10 그 사업 거래는 비밀스러웠다.
11 그 정부 관리는 의심을 받고 있다.
12 그 환자는 수술을 받고 있다.
13 소녀는 나지막이 나에게 말을 했다.
14 그 도시는 사방에서 공격을 받았다.

He must be hiding under the bed.   p.088

Did you look under the table?   p.088

The troops are under attack from all sides.   p.089

The wounded soldier is under surgery.   p.089

Under no circumstances can you sleep out.   p.090

Voting is now under way.   p.090

The president of the country is under pressure to resign.   p.090

I'm under the weather today.   p.090

He told me about it under the rose.   p.090

The business dealing was under the table.   p.090

The government official is under a cloud.   p.090

The patient is under the knife.   p.090

The girl talked to me under her breath.   p.090

The city came under fire from all sides.   p.090

복습 횟수	1회	2회	3회	4회	5회
복습 날짜	월 일	월 일	월 일	월 일	월 일

Unit 14 |below 복습하기| 우리말을 보고 영어로 말해 보세요.

01 태양이 지평선 아래로 가라앉고 있다.
02 기온이 영하로 떨어졌다.
03 그녀의 영어는 기초 수준을 밑도는 것 같았다.
04 그 정치인의 연설은 비판의 가치도 없다.
05 그는 비열한 짓을 할 사람이 결코 아니다.
06 어제 생겼던 일은 다음과 같습니다.
07 그의 석차는 그의 반에서 중간보다 약간 아래이다.
08 그 수치는 그의 목표에 한참 못 미친다.
09 나는 낮은 목소리로 말하라고 경고를 받았다.
10 그의 건물은 시가보다 낮게 팔렸다.
11 많은 사람은 빈곤선 아래에서 살고 있다.
12 그 지역은 해수면 아래에 있다.

The sun is sinking below the horizon.   p.093

The temperature has fallen below zero.   p.093

Her English seemed to be below the basic level.   p.094

The politician's speech is below criticism.   p.094

He is above hitting below the belt.   p.095

What happened yesterday is as below.   p.095

He ranks a little below the middle of his class.   p.095

The figure is far below his goal.   p.095

I was warned to talk below my breath.   p.095

His building was sold below the market value.   p.095

Many people still live below the poverty line.   p.095

The area is below sea level.   p.095

Unit 15 | down 복습하기 | 우리말을 보고 영어로 말해 보세요.

01 그녀는 계단을 내려가며 그에게 소리를 지른다.
02 그녀는 미끄러져서 계단에서 굴러떨어진다.
03 그는 즉시 내 제안을 거절한다.
04 그는 항상 나를 실망하게 한다.
05 너는 선택지를 2개로 줄여야 한다.
06 너는 보고서를 300자로 요약해야 한다.
07 그 웹사이트는 정부에 의해 폐쇄되었다.
08 경찰은 음주 운전자들을 상시로 단속했다.
09 그 권투 선수는 상대방을 쳐서 다운시켰다.
10 베를린 장벽은 1990년에 허물어졌다.
11 자, 본론으로 들어갑시다.
12 그 후보는 물러나기를 거절했다.
13 내 삼촌은 위암에 걸리셨다.
14 그 회사는 그 제품의 가격을 인하했다.

음원 듣기

She walks down the stairs and shouts at him.   p.098

She slips and falls down the stairs.   p.098

He turns down my proposal immediately.   p.099

He always lets me down.   p.099

You must narrow the choices down to 2.   p.100

You must boil down the report to 300 words.   p.100

The website was shut down by the government.   p.100

The police cracked down on drunk drivers constantly.   p.100

The boxer knocked down his opponent.   p.100

The Berlin Wall was pulled down in 1990.   p.100

Let's get down to business.   p.100

The candidate refused to stand down.   p.100

My uncle came down with stomach cancer.   p.100

The company marked down the price of the product.   p.100

복습 횟수	1회	2회	3회	4회	5회
복습 날짜	월 일	월 일	월 일	월 일	월 일

Unit 16 | of 복습하기 | 우리말을 보고 영어로 말해 보세요.

01. 그는 그 나라 수도에서 콘서트를 개최한다.
02. 그녀는 그 노래의 가사에 매료되었다.
03. 그들은 케이크 두 조각을 산다.
04. 케이크의 색깔이 다양하다.
05. 그는 개를 무서워한다.
06. 그녀는 어둠이 무서워서 외출할 수가 없다.
07. 너는 내게 가장 소중한 사람이다.
08. 그것은 나한테는 식은 죽 먹기야.
09. 나는 그의 말을 이해할 수가 없었다.
10. 결과와는 상관없이, 너는 최선을 다해야 한다.
11. 우리는 돈이 곧 바닥이 날 것이다.
12. 음악은 내 스트레스를 없애는 데 도움을 준다.
13. 과거는 잊어버려라.
14. 물은 산소와 수소로 이루어져 있다.
15. 그 건물은 목재로 만들어져 있다.
16. 나는 빚이 없다.

He gives a concert in the capital of the country.   p.104

She is charmed by the lyrics of the song.   p.104

They buy two slices of cake.   p.105

The colors of the cake are various.   p.105

He is afraid of dogs.   p.106

She can't go out due to her fear of darkness.   p.106

You are the apple of my eye.   p.107

It is a piece of cake for me.   p.107

I couldn't make sense of what he said.   p.107

Regardless of the outcome, you must do your best.   p.107

We will soon run short of money.   p.107

Music helps to get rid of my stress.   p.107

You must let go of the past.   p.107

Water consists of oxygen and hydrogen.   p.107

The temple is made of wood.   p.107

I'm free of debt.   p.107

복습 횟수	1회	2회	3회	4회	5회
복습 날짜	월 일	월 일	월 일	월 일	월 일

Unit 17 |with 복습하기| 우리말을 보고 영어로 말해 보세요.

01 그는 동료들과 잘 지내고 싶어 한다.
02 너는 규칙에 순응해야 한다.
03 나는 연필로 아기곰을 그린다.
04 그는 감기에 걸렸다.
05 그녀는 그녀의 남편에게 화가 났다.
06 다 먹어버렸는데. 뭐가 문제니?
07 너 그녀와 연락하고 지내니?
08 그는 그의 아내와 종종 말다툼한다.
09 이웃들과 친하게 지내는 것이 중요하다.
10 그는 내가 그의 견해에 동의하기를 기대한다.
11 곧 뒤따라 갈게.
12 그런 형식은 생략합시다.
13 내가 공부하는 데 방해 좀 하지마.
14 나는 당신과 다투고 싶지 않아요.
15 나는 그 문제와 관계가 없다.
16 나는 헌 타이어를 새 타이어로 교체해야 한다.

He wants to get along with his colleagues. p.110

You have to comply with the rules. p.110

I draw a baby bear with a pencil. p.111

He has come down with a cold. p.111

She got angry with her husband. p.112

I ate it up. What's wrong with you? p.112

Do you keep in contact with her? p.113

He often has words with his wife. p.113

It's important to make friends with your neighbors. p.113

He expects me to fall in with his view. p.113

I'll catch up with you in a few minutes. p.113

Let's dispense with such formalities. p.113

Don't interfere with my studies. p.113

I don't want to fall out with you. p.113

I have nothing to do with the matter. p.113

I have to replace a worn tire with a new one. p.113

복습 횟수	1회	2회	3회	4회	5회
복습 날짜	월 일	월 일	월 일	월 일	월 일

Unit 18 |about 복습하기| 우리말을 보고 영어로 말해 보세요.

01 그들은 그 공원에서 이리저리 걷는다.
02 그들은 막 집으로 돌아가려던 참이다.
03 그는 아침에 약 7시쯤에 일어난다.
04 버스로 회사에 출근하는데 약 한 시간이 걸린다.
05 지금 너희들 무슨 말을 하고 있니?
06 그들은 형편없는 음식에 대해서 불평을 하고 있어.
07 그녀는 항상 자기 아들에 관하여 걱정하고 있다.
08 네 일을 해야 할 시간이다.
09 그는 언젠가 회복되어 다시 활동할 거야.
10 나는 네가 빙 돌려 말하는 것에 질린다.
11 그 개는 무엇인가를 냄새 맡으며 여기저기 뛰어다녔다.
12 그 양은 일 년 전과 거의 같았다.
13 음식에 대해 까다롭게 굴지 마.
14 나는 그의 미래 계획에 관하여 전혀 모른다.
15 그 정치인은 그 문제에 대한 입장을 180도 바꾸었다.
16 오늘 밤에 영화 보러 가면 어때?

They walk about in the park. p.116

They are about to go back home. p.116

He gets up at about 7 o'clock in the morning. p.117

It takes about an hour to get to work by bus. p.117

What are you talking about now? p.118

They are complaining about the lousy food. p.118

She is always concerned about her son. p.119

It's time to go about your business. p.119

He will be up and about again someday. p.119

I'm sick of you beating about the bush. p.119

The dog ran about smelling something. p.119

The amount was about the same as one year ago. p.119

Don't be particular about food. p.119

I'm in the dark about his future plan. p.119

The politician turned an about-face on the matter. p.119

How about going to the movies tonight? p.119

Unit 19 |around 복습하기| 우리말을 보고 영어로 말해 보세요.

01 그녀는 돌아서서 가버렸다.
02 그녀는 그에게 그들 주위를 배회하지 말라고 말했다.
03 그들은 성탄절 즈음에 만났다.
04 그는 30세쯤 되는 남자이다.
05 중간고사가 코앞이다.
06 그녀는 나의 의견 쪽으로 태도를 바꾸었다.
07 그것은 혼잡한 교통을 피하는 쉬운 방법이다.
08 너와 함께 노닥거릴 시간 없어.
09 그는 그 주제에 관하여 에둘러 말하는 경향이 있다.
10 넌 왜 그가 널 괴롭히도록 내버려 두는 거니?
11 우리 공장은 24시간 가동됩니다.
12 진실은 그것과는 정반대이다.
13 일 년 중 이맘때면 비가 자주 온다.
14 그 섬의 기후는 일 년 내내 온화하다.

음원 듣기

She turned around and walked away. p.122

She told him not to hang around them. p.122

They met around Christmas. p.123

He is a man of around thirty years old. p.123

The mid-exam is just around the corner. p.124

She came around to my opinion. p.124

It's an easy way to get around the heavy traffic. p.124

I don't have time to fool around with you. p.124

He tends to beat around the bush about the subject. p.124

Why do you let him push you around? p.124

Our factory operates around the clock. p.124

The truth is the other way around. p.124

It rains frequently around this time of year. p.124

The climate of the island is mild all the year around. p.124

복습 횟수	1회	2회	3회	4회	5회
복습 날짜	월 일	월 일	월 일	월 일	월 일

Unit 20 | by 복습하기 | 우리말을 보고 영어로 말해 보세요.

01 그들은 한강 변에서 조깅하고 있다.
02 올해는 너무 빨리 지나갔다.
03 당신의 사진을 이메일로 보내주실래요?
04 그들은 보통 버스를 타고 등교한다.
05 내 친구가 나보다 훨씬 키가 크다.
06 대체로, 너의 계획은 훌륭하다.
07 기온이 점점 상승할 것이다.
08 그는 천성적으로 수줍어하고 정직하다.
09 그런데, 너 내일 시간이 있니?
10 그는 중국을 거쳐 북한에 갔다.
11 나날이, 그의 건강이 좋아지고 있다.
12 그는 결코 정직한 사람이 아닙니다.
13 나는 내일까지 이 시를 암기해야 한다.
14 그는 외딴 마을에 홀로 살고 있었다.

They are jogging by the Han river.   p.127

This year has passed by so quickly.   p.127

Would you send me your photos by e-mail?   p.128

They usually go to school by bus.   p.128

My friend is by far taller than I.   p.129

By and large, your plan is a good one.   p.129

The temperatures will increase by degrees.   p.129

He is shy and honest by nature.   p.129

By the way, are you available tomorrow?   p.129

He went to North Korea by way of China.   p.129

Day by day, his condition is improving.   p.129

He is by no means an honest man.   p.129

I must learn this poem by heart by tomorrow.   p.129

He lived by himself in a remote village.   p.129

복습 횟수	1회	2회	3회	4회	5회
복습 날짜	월 일	월 일	월 일	월 일	월 일

Unit 21 |along 복습하기| 우리말을 보고 영어로 말해 보세요.

01 그들은 좋아하는 노래들을 함께 따라 부른다.
02 그들 둘은 서로 매우 잘 지낸다.
03 그녀는 20분 더 계속 이야기를 했다.
04 그는 잠자코 걸어야만 했다.
05 나는 오늘 친구 한 명을 데리고 왔어요.
06 도중 어딘가에서 끔찍한 일이 발생했다.
07 우리는 모든 점에서 도전을 받고 있다.
08 그는 내 질문에 대답도 하지 않고 계속 걸었다.
09 그는 항상 엄마 뒤만 따라다닌다.
10 나는 그의 의견에 동조하는 체하기로 했다.
11 나는 일본 여행 중에 여권을 잃어버렸다.
12 그 웨이터는 꽤 나이가 많았다.

They sing along with the songs they like.   p.133

Both of them get along with each other very well.   p.133

She talked along for another 20 minutes.   p.134

He had to walk along without saying a word.   p.134

I have brought a friend along today.   p.135

Something terrible happened along the line.   p.135

We are challenged all along the line.   p.135

He walked right along without replying to my question.   p.135

He always tags along behind mother.   p.135

I decided to play along his view.   p.135

I lost my passport along the trip to Japan.   p.135

The waiter was well along in years.   p.135

복습 횟수	1회	2회	3회	4회	5회
복습 날짜	월 일	월 일	월 일	월 일	월 일

Unit 22 |across 복습하기| 우리말을 보고 영어로 말해 보세요.

01 나는 길 맞은편에 주차하고 있다.
02 그는 그곳에서 옛 친구를 우연히 만났다.
03 가격이 전반적으로 떨어졌다.
04 그 행사는 전국의 모든 사람을 즐겁게 했다.
05 좋은 생각이 문득 그의 머리에 떠올랐다.
06 그 강을 헤엄쳐 건너는 것은 매우 위험하다.
07 내 생각을 그에게 이해시키는 것은 매우 힘들었다.
08 그 개울은 걸어서 건널 수 있다.
09 나는 정원을 가로질러 가야만 했다.
10 그 나라를 차로 횡단하는 데는 5일이 걸린다.

I am parking my car across the street.

He came across an old friend there.

Prices fell across the board.

The event amused all the people across the country.

A good idea ran across his mind.

It's very dangerous to swim across the river.

It was very difficult to put my idea across to him.

You can wade across the stream.

I had to cut across the garden.

It takes 5 days to drive across the country.

복습 횟수	1회	2회	3회	4회	5회
복습 날짜	월 일	월 일	월 일	월 일	월 일

Unit 23 | through 복습하기 | 우리말을 보고 영어로 말해 보세요.

01 그들은 터널을 걸어 지나간다.
02 그들은 짙은 안개 때문에 잘 볼 수 없다.
03 그는 망원경을 통하여 별들을 관찰한다.
04 그 여자는 병으로 청력을 잃었다.
05 나는 네가 잘 극복해 내리라 믿는다.
06 나는 그녀와 영원히 끝났어.
07 내 원래 계획은 수포가 되었다.
08 나는 내 첫 임무를 잘 해냈다.
09 나의 할아버지는 전쟁을 두 번 경험하셨다.
10 휘발유 가격이 급등하고 있다.
11 지배인 좀 연결해 주세요.
12 그녀는 정말로 여자다운 여자이다.
13 우리는 무슨 일이 있더라도 당신을 후원할 것이다.
14 경찰은 강도들을 찾아 샅샅이 수색했다.

They walk through the tunnel. p.142

They can't see through the thick mist. p.142

He observes the stars through a telescope. p.143

The woman lost hearing through illness. p.143

I believe you can pull through. p.144

I'm through with her for good. p.144

My original plan fell through. p.144

I made it through my first task. p.144

My grandfather went through two wars. p.144

Gas prices are going through the roof. p.144

Put me through to the manager. p.144

She is a woman through and through. p.144

We will back you up through thick and thin. p.144

The police combed through the robbers. p.144

Unit 24 |for 복습하기| 우리말을 보고 영어로 말해 보세요.

01. 그녀는 그가 돌아오기를 기다리고 있다.
02. 내 형은 아직도 일자리를 찾는 중이다.
03. 그 젊은이는 절도죄로 처벌을 받는다.
04. 그 학생은 그녀의 용감한 행동에 대해 매우 칭찬받는다.
05. 나는 죽어도 그 셔츠를 입고 외출을 할 수가 없다.
06. 이 셔츠를 다른 것으로 바꾸고 싶다.
07. 그는 가수의 안성맞춤이다.
08. 우리는 깨끗한 물을 당연시 여겨서는 안 된다.
09. 근면함이 경험의 부족을 메울 수 있다.
10. 그 소녀는 도움을 달라고 사람들에게 요청했다.
11. 그 어린 소녀는 선반 위의 책을 잡으려고 손을 뻗었다.
12. 너의 건강을 위해 담배를 끊어야 한다.
13. 나는 그림에 대한 안목이 없다.
14. 나는 그를 도저히 이해할 수 없었다.
15. 그는 그 개로부터 필사적으로 도망을 쳤다.
16. 나는 난생처음으로 사랑에 빠졌다.

음원 듣기

She is waiting for him to come back home. p.148

My brother is still looking for a job. p.148

The youth is punished for theft. p.149

The student is much praised for her brave act. p.149

I can't go out wearing the shirt for the life of me. p.150

I want to exchange this shirt for something else. p.150

He is cut out for a singer. p.151

We should not take clean water for granted. p.151

Diligence may compensate for a lack of experience. p.151

The girl called people for help. p.151

The little girl reached for a book on the shelf. p.151

You must quit smoking for the sake of your health. p.151

I don't have an eye for a painting. p.151

I couldn't understand him for the life of me. p.151

He ran away from the dog for his life. p.151

I fell in love for the first time in my life. p.151

복습 횟수	1회	2회	3회	4회	5회
복습 날짜	월 일	월 일	월 일	월 일	월 일

Unit 25 |against 복습하기| 우리말을 보고 영어로 말해 보세요.

01 그에게 반대 의견을 표명하려 하지 마라.
02 그 여자는 수년 동안 병마와 싸워오고 있다.
03 실직에 대한 대비책이 있습니까?
04 나는 불운을 막아줄 부적을 가지고 있습니다.
05 그 남자는 벽에 기대고 있다.
06 우리는 수많은 문제에 직면하고 있다.
07 그는 나를 고소하겠다고 협박을 했다.
08 모든 멤버들은 규칙을 위반해서는 안 된다.
09 다른 사람들을 험담하지 마라.
10 이 제품은 저 제품에 상대가 되지 않는다.
11 그의 영화가 내 취향이 아닌 것은 아니다.

Don't try to speak against him.

The woman has been fighting against a disease for years.

Are you insured against unemployment?

I have a charm against bad luck.

The man is leaning against the wall.

We are up against numerous problems.

He threatened to file a suit against me.

All the members should not be against the rules.

Don't say against others.

This product cannot stack up against with that one.

His film doesn't go against my grain.

Unit 26 |before 복습하기| 우리말을 보고 영어로 말해 보세요.

01 나의 할아버지는 항상 새벽이 오기 전에 일어나신다.
02 나는 그의 집을 다시 방문할 것이다.
03 그는 그녀보다 한참 앞서서 달리고 있다.
04 그는 그 무엇보다 돈을 중시한다.
05 그 경찰관은 바로 내 눈앞에서 그를 체포했다.
06 나는 이 책을 그저께 샀다.
07 그 가수는 예전처럼 인기는 없다.
08 우리는 크리스마스 직전에 헤어졌다.

My grandfather always gets up before dawn.   p.159

I will visit his house before long.   p.159

He is running considerably before her.   p.160

He puts money before anything else.   p.160

The police officer arrested him right before my eyes.   p.161

I bought this book the day before yesterday.   p.161

The singer is not so popular as before.   p.161

We just broke off shortly before Christmas.   p.161

Unit 27 |after 복습하기| 우리말을 보고 영어로 말해 보세요.

01 그녀의 딸은 자정이 지나서도 집에 오지 않았다.
02 그녀는 아침 식사가 지난 후에 집에 돌아왔다.
03 그의 딸은 그를 전혀 닮지 않은 것 같다.
04 그는 그의 삼촌을 따라서 이름이 지어졌다.
05 너는 자신을 보살펴야 한다.
06 그 배우는 결국 나타나지 않았다.
07 그가 너의 아버지의 안부를 물었어.
08 그는 친절하게도 우리 엄마의 안부를 물었다.
09 그 정치인은 오로지 명성만 좇는다고 비난을 받았다.
10 내 여동생은 매일 집에만 있다.
11 모레는 매우 특별한 날이다.
12 고맙게도, 그 남자는 "먼저하세요."라고 말했다.
13 나는 몇 번이고 그에게 졸지 말라고 말했다.

음원 듣기

Her daughter didn't come home after midnight.   p.164

She came back home after breakfast.   p.164

His daughter doesn't seem to take after him at all.   p.165

He is named after his uncle.   p.165

You have to look after yourself.   p.166

The actor didn't show up after all.   p.166

He asked after your father.   p.166

He had the kindness to inquire after my mother.   p.166

The politician was blamed for going after only fame.   p.166

My sister stays at home day after day.   p.166

The day after tomorrow is a very special day.   p.166

Thankfully, the man said, "After you."   p.166

I told him time after time not to doze off.   p.166

복습 횟수	1회	2회	3회	4회	5회
복습 날짜	월 일	월 일	월 일	월 일	월 일

Memo